스마트 모빌리티 지금 올라타라

스마트 모빌리티
지금 올라타라

미래 이동 수단이 바꿀 인류의 삶

모빌리티 강국 보고서 팀 지음

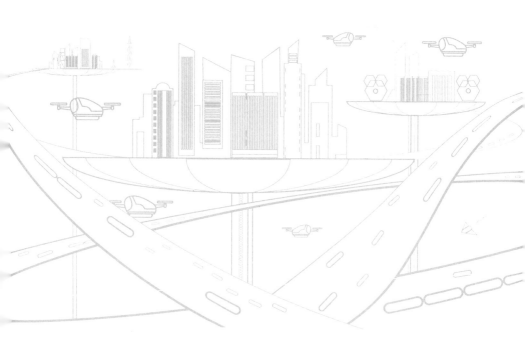

매일경제신문사

타고 다니는 것에 대한 모든 것, 모빌리티

인류에게 가장 중요한 발명품을 논할 때면 불, 화폐와 함께 빠지지 않고 등장하는 것이 바로 바퀴이다. 기원전 4000년 전, 기초적인 문명 수준에 머물고 있던 인류는 바퀴의 등장과 함께 비약적인 발전을 시작했다. 장거리 이동과 물자 수송이 가능해졌고 이를 통해 정보와 물건이 교환됐다. 서로 단절돼 있던 문명이 바퀴와 함께 연결되기 시작한 것이다. 정치, 경제, 사회, 문화 어느 하나 바퀴의 영향을 받지 않은 것이 없었다.

인류 역사의 변곡점에는 항상 새로운 모빌리티의 등장이 있었다. 중세 시대를 끝낸 대항해 시대의 시작은 대양 항해용 선박의 등장으로 가능한 일이었다. 산업혁명의 상징인 증기기관 역시 선박과 열차 등 새로운 모빌리티에 우선 적용됐다. 탱크와 자가용, 항공기 등 우리가 누리고 있는 수많은 모빌리티들은 문명 발전의 결과물이면서 문명을 진화시키기도 했다.

그래서 지금 미래 모빌리티에 주목해야 한다. 빅데이터, AI, 5G 등 신기술로 시작된 새로운 역사, 4차 산업 혁명의 가장 중요한 축이 바로 모빌리티이기 때문이다. 10년 전만 해도 미래 연료차라고 여겨지던 전기차와 수소차는 이미 시장에 진입해 전통 가솔린차의 위치를 위협하고 있다. 영화에서나 봤던 자율주행차 역시 곧 상용화될 것이란 기대가 나온다.

어디 자동차뿐이랴. 하늘을 나는 택시와 UAM Urban Air Mobility 도 데뷔를 앞두고 있다. 트럭과 오토바이의 전유물이라고 여겨졌던 물류는 도로를 떠나 지하와 하늘로 갈 준비를 하고 있다. 새로운 기술이 우후죽순 등장하면서 글로벌 모빌리티 산업의 지형 역시 180도 바뀌고 있다. 전통적인 모빌리티 산업의 강자인 대한민국에는 위기이자 또 다른 기회다.

이 책은 이런 갈림길에서 대한민국이 나아가야 할 방향을 자세히 소개하고 있다. 국내 모빌리티 기술 연구의 선두에 있는 KAIST(한국과학기술원) 교수진과 연구진, 세계 최대의 스마트 모빌리티 도시를 계획하고 있는 서울시와 서울연구원, 1등 종편 MBN 기자들이 머리를 모아 펜을 잡은 결과물이다. 여기에 스마트 모빌리티 산업에 뛰어들고 있는 기업들과 지자체, 전문가들도 자문에 참여했다.

PART 1에서는 현재 우리의 도시 교통 시스템을 조망한다. 전 세계적인 문제지만 특히 우리나라에서 급격히 진행되고 있는 도시화가 도로에서 어떠한 문제를 불러왔는지 집중적으로 파헤친다.

PART 2는 새로운 기술들의 등장으로 글로벌 모빌리티 산업 구조가 어떻게 개편되고 있는지 다룬다. 모빌리티의 패러다임은 어떻게 변화하고 있을까. CES the International Consumer Electronics Show (국제전자제품박람회) 등 다양한 지점에서 볼 수 있는 미래 모빌리티 세상을 귀띔해준다.

PART 3부터는 구체적인 미래 모빌리티 기술을 선보인다. 가장 먼저 소개되는 것은 전기차와 수소차다. 가솔린차의 강력한 대체제로 부상하고 있는 전기차 배터리, 꿈의 연료라는 수소는 자동차 산업에 어떠한 지각변동을 불러오고 있는지를 확인할 수 있다.

PART 4는 자율주행과 UAM 등 공상과학에서나 볼 수 있었던 미래 모빌리티를 다룬다. 이제 곧 우리의 현실이 될 기술들이 지금 어디까지 왔는지 미리 만나볼 수 있다.

PART 5와 PART 6은 해외 선진국과 우리나라의 자율주행 준비가 어떻게 이뤄지고 있는지 구체적으로 분석한다. 이미 글로벌 자율주행 기술을 선도하고 있는 선진국은 어떤 미래를 준비하고 있을까? 그렇다면 우리의 자율주행은 어디쯤 와 있는 것일까? 비교를 통해 우리가 해결해야 할 과제들을 고찰한다.

PART 7에서는 서울로 떠난다. 자율주행, UAM, 스마트 물류 등 미래 모빌리티 도시로 거듭날 준비를 마친 서울은 그동안 어떤 준비를 해왔는지, 또 앞으로 어떤 계획들을 가지고 있는지 집중적으로 들여다본다.

마지막으로 PART 8에서는 MBN 보고대회 팀이 도출한 제언을 담았다. 대한민국이 미래 모빌리티 산업의 패권을 쥐기 위해서 어떤 전략이 필요할지 대한민국 전체가 귀담아 들어야 할 열쇠를 제시한다.

지금껏 그래왔듯이 모빌리티는 10년 뒤에도 100년 뒤에도 인류에게 가장 중요한 도구이자 산업일 것이다. 그 때문에 지금 우리의 판단과 움직임이 가장 중요하다. 아무쪼록 이 책을 통해 대한민국 모두가 미래 모빌리티 전쟁의 승자가 되기를 바란다.

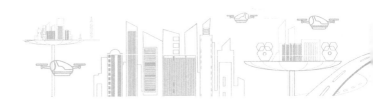

가지 않은 길을
가다

〈독립신문〉
출처: 한국언론진흥재단

화륜거 구르는 소리는 우레와 같아 천지가 진동하고 기관거의
굴뚝 연기는 반공에 솟아오르더라. 수레를 각기 방 한 칸씩 되
게 만들어 여러 수레를 철구로 연하여 수미상접하게 이었는데,
수레 속은 상중하 3등으로…. 수레 속에 앉아 영창으로 내다보
니 산천초목이 모두 활동하여 닿는 것 같고 나는 새도 미처 따
르지 못하더라. 대한 이수로 80리 되는 인천을 순식간에 당도
하였는데….

- 〈독립신문〉, 1899. 9. 19

스탠리 큐브릭 감독의 1968년 작 〈스페이스 오디세이〉는 SF 영화의 기념비적인 작품으로 평가된다. 그 당시의 기술이라고는 믿기지 않는 영상미와 과학적 사실에 바탕을 둔 철저한 고증, AI가 인간과 함께 우주선을 운행한다는 이야기는 관객에게 충격을 안겼다.

이 영화가 관객들의 뇌리를 사로잡은 가장 중요한 지점은 가보지 못한 곳 '우주'와 타보지 못한 새로운 '탈것'에 대한 인류의 동경을 영상화했다는 데 있다. 인류가 아폴로 11호의 달 착륙 장면을 목도한 것은 영화 개봉 1년이 지난 1969년이었다.

가지 않은 길에 대한 인간의 동경은 상상을 기술로 현실화해 왔다. UAM은 이제 곧 손에 잡힐 듯 상용화에 바짝 다가섰다. 인천국제공항에서 여의도 한강공원까지 UAM을 타고 간다고 상상해보자. 2021년 9월 8일 오후 포털사이트를 통해 이동 시간을 검색해봤다.

대중교통은 1시간 20~30분, 택시는 1시간 안팎이다. 택시는 57km를 달려 5~6만 원이 든다. 같은 구간을 UAM으로 간다면? 상용화 초기에는 1인당 11만 원으로 예상된다. 하지만 2035년 이후 무인비행까지 가능해지면 1인당 2만 원으로 하락한다는 것이 국토교통부의 예상이다.

2019년 우버에어   의 에릭 앨리슨 대표는 2023년 시작하는 에어택시의 요금이 탑승자 1인당 1마일에 5.73달러이며 0.44달러로 내려가면 자동차보다도 싸질 것으로 전망했다.

인류 역사에서 기차와 내연기관 차량 등 이제껏 없었던 이동수단이 등장할 때마다 사람들의 이동량과 생활 영역은 확대됐다. 마이카, 자가용족 등은 당시 시대상을 반영하는 신조어였다. 마이카라는 말은 1960년대의 신문기사에서도 보인다. 한국에서 자가용을 뜻하는 'My Car'라는 말은 실제로는 영어사전에 없다. 정확히는 'Privately Owned Vehicle'이다. '마이카의 물결 타고-부쩍 는 자동차 생산'* 제하의 기사는 "1968년 1년 동안에 늘어난 각종 차량은 2만 254대나 되어 33%의 증가율을 보였다. 이로써 현재 우리나라의 자동차는 도합 8만 951대. 이 숫자는 해방 당시의 1만 6,351대에 비하면 5배나 되는 것이고…"라고 전했다.

'자가용족'이라는 말도 1960년대 말에 나타났다. 1970년대 기사를 보면 '자가용족 도울 뻔한 서민정당', '호텔서 밤새 술 마신 자가

---

* 〈경향신문〉. 1969. 마이카의 물결 타고 - 부쩍 는 자동차 생산

용족', '사고 뺑소니 자가용족' 등 일명 '자가용족'에 대한 선망과 더불어 곱지 않은 시선이 엿보인다. 그러던 '자가용족'이라는 단어는 자동차가 대중화하면서 21세기 들어서부터는 사어   가 되었다. 더 이상 그렇게 부를 이유가 없어진 것이다.

완전자율주행이 실현되고 UAM이 도시 위를 날아다니면 또 어떤 신조어가 나타날까. 처음에는 자가용처럼 선망의 대상이니 '완자족(완전자율주행족)', '왐족   '이라는 신조어가 생겨나지는 않을까.

더 멀리,
더 빨리 나아가다

서울에서 부산까지 고속도로로 422km, 1,000리가 넘는 거리이
다. 곧게 뻗은 고속도로를 시속 4km로 매일 8시간을 쉼 없이 걷는다
해도 꼬박 2주가 걸린다. 그러던 거리를 지금은 KTX로 2시간 30분
만에 주파한다. 이런 속도는 사람들에게 무엇을 가져다줬을까. 오로
지 이동을 위해 쓰던 시간은 생산적인 활동으로 돌아갔다.

미국의 철도는 1862년 대륙횡단철도 건설로 시작됐다. 실제 건
설은 남북전쟁이 끝난 1865년부터였다. 1869년에 완공했으니 불과
4년 만에 3,077km를 연결한 셈이다. 미국 서부는 빠르게 발전했고
북미는 일대 물류 혁명이 일어났다. 미국이 초강대국의 기반을 닦
은 데 대륙횡단철도가 결정적인 역할을 했다.

철도가 국가 기간교통망의 효시였다면 1913년 헨리 포드가 내
연기관 차량을 대량 생산해내면서 교통망은 거미줄처럼 조밀해지

4년 만에 3,077km

미국의 첫 대륙횡단철도는 센트럴 퍼시픽 레일로드Central Pacific Railroad와 유니온 퍼시픽 레일로드Union Pacific Railroad가 건설했다. 시에라네바다 산맥을 포함해 곳곳이 난공사였지만 3,077km를 실질적으로 4년 만에 완공한 것은 센트럴 퍼시픽과 유니온 퍼시픽의 치열한 경쟁이 있어서 가능했다. 센트럴 퍼시픽은 서쪽 캘리포니아 새크라멘토에서 동쪽으로, 유니온 퍼시픽은 동쪽 네브래스카주 오마하에서 서쪽으로 경쟁적으로 철도를 깔아나갔다. 각각 동쪽과 서쪽에서 경쟁적으로 달려오던 두 회사는 유타주 프로몬터리에서 두 철도를 연결하기로 했다. 1869년 5월 10일이었다. 두 철도의 연결점은 월계수 침목에 황금 못을 박는 것으로 완성됐다. 이 황금 못이 일명 골든 스파이크Golden Spike 이다.

고 도시화는 폭발적으로 진행됐다. 더 멀리, 더 빨리 이동하려는 상상력은 끝이 없다. 일론 머스크나 대릴 오스터가 구상하는 하이퍼루프Hyperloop(진공자기부상열차)가 그 예이다. VactrainVacuum Tube Train 이나 MaglevMaglev Levitation Train가 이런 개념이다. 머스크나 오스터의 아이디어는 그들이 최초가 아니다. 이미 18세기 말 영국의 조지 메드허스트가 진공터널을 이용한 이동수단을 구상했고, 20세기 초 로켓의 아버지로 불리는 미국의 고다드 역시 같은 생각을 했다.

도시로,
도시로 모여들다

1929년 〈매일신보〉의 '공업도시화 하는 대경성의 발전력' 제하의 기사이다. "무럭무럭 자라나는 경성! 상공도시화해 가는 서울! 자라나는 경성의 생명은 공장에 있으니 경성이 상공도시화해 가지 않으면 내일의 서울은 도저히 구제할 수 없으리라는 것은 누구나 알 수 있는 것이다."

10년 후 같은 신문 1939년 10월 3일 자. '경인 일체의 대비약-경성 근교의 도시화, 인구 백만도 시간의 문제' 제하의 기사는 "새 경성은 남으로 연장될 것이며 이렇게 되면 경인 시가지 계획의 완성으로 경인 간이 백만 명 인구를 포함한 세계적 도시를 이룰 것은 시간문제로 되어 있을 뿐이다"라고 전하고 있다. 다만 이것은 병참기지 조선의 중추지대를 이루고 있는 경성과 인천을 연결하기 위한 것이었다.

〈매일신보〉 1929년 12월 19일 자

세계 도시 인구는 1950년대 이후부터 급증 해왔다. 1950년에는 세계 인구의 약 30% 정도가 도시에 거주한 반면, 이 비율은 1970년에 37%, 1990년에 43%로 증가했다. 2000년 도시인구의 비율은 46%였으며, 2007년에는 처음으로 도시인구가 비도시인구를 초과했다. 가장 최근인 2018년 세계 인구 중 55%인 42억 명 정도가 도시에 거주하는 것으로 나타났다.

---

* UN Department of Economic and Social Affairs, 2019, World Urbanization Prospects: The 2018 Revision

도시 및 비도시 인구 추이

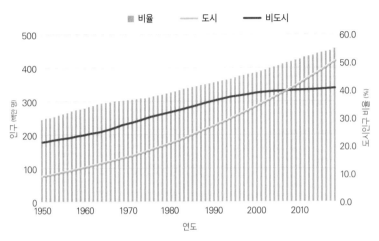

출처: United Nations, Department of Economic and Social Affairs, 2019,
World Urbanization Prospects: The 2018 Revision, United Nations.

세계 도시 및 비도시 인구 추이 - 선진국

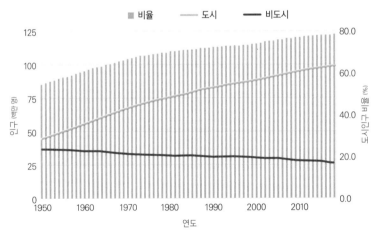

출처: United Nations, Department of Economic and Social Affairs, 2019,
World Urbanization Prospects: The 2018 Revision, United Nations.

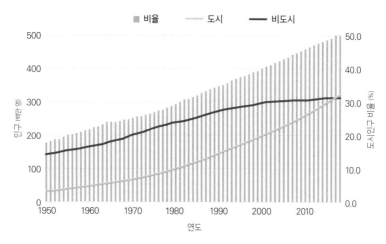

세계 도시 및 비도시 인구 추이 – 개발도상국

■ 비율 ── 도시 ── 비도시

출처: United Nations, Department of Economic and Social Affairs, 2019,
World Urbanization Prospects: The 2018 Revision, United Nations.

  한국의 도시인구는 1960년대부터 빠르게 증가했다.* 1950년 21.4%였던 도시 거주 인구 비율은 1963년 13년 만에 30%를 넘어섰고 1977년 50%, 1988년에는 70%를 초과했다. 1990년대부터는 다소 도시인구의 증가율이 더뎠으나 지속적인 성장으로 2002년에는 80%를 초과했으며 가장 최근인 2018년에는 81.5%**를 기록했다.

  도시 과밀화는 돌아올 수 없는 강이 돼버렸다. UN은 도시인구가

---

*   UN Department of Economic and Social Affairs, 2019, World Urbanization Prospects: The 2018 Revision

**   UN에서 발표하는 통계 기준은 산출 방법의 차이로 국내에서 추산하고 있는 통계와 차이가 있다. 국내에서 주민등록 인구 기준으로 추산하고 있는 도시 거주 인구 비중은 2018년 기준 약 91%이다.

2030년 60%, 2050년 약 68%가 될 것으로 예상했다. 국내 도시화 비율은 UN 기준으로 이미 80%를 넘었으며 2050년에는 북미 및 서유럽 등과 비슷한 수준으로 86~88%로 전망된다.

* UN Department of Economic and Social Affairs, 2019, World Urbanization Prospects: The 2018 Revision

교통의 지속가능성을 위협하는
도시 과밀화

일찌감치 GM의 공동창립자 찰스 모트(1875~1973)는 자동차가 도심 혼잡을 일으킨다는 비판에 대해 "자동차 탓을 하는 것은 쓸데없는 짓이다"라고 했다. 그렇다. 자동차 탓만 할 수는 없는 노릇이다.

도시 과밀화는 한계효용체감의 예외가 아니었다. 이는 결국 교통의 지속가능성에 대한 문제로 이어진다. 교통의 지속가능성을 위협하는 문제는 교통 혼잡, 교통안전, 에너지와 환경 등으로 대표된다.

길바닥에 뿌리는 68조 원

도시로의 인구 집중과 교통 수요 증가, 자동차의 대중화는 필연적으로 교통 혼잡 문제를 일으켰고, 그 심각성은 매년 증가하고 있다. 미국의 교통데이터 분석회사인 인릭스INRIX가 미주와 유럽 등을 대상으로 매년 발간하는 자료에 따르면 교통 체증으로 인해 낭비되는 시간과 그 비용은 상당한 수준이다. 코로나19 발생 전인 2019년 미국 보스턴이 운전자 1명당 1년 동안 149시간을 도로 위에서 낭비했고, 그다음으로 시카고가 143시간, 필라델피아가 142시간이었다. 영국은 런던이 147시간으로 가장 많았고 독일에서는 뮌헨이 87시간으로 최상위를 차지했다.

이걸 알아야

한국 출퇴근 시간 OECD 1위

2016년 OECD 발표에 따르면 한국의 출퇴근 시간은 평균 58분으로 세계 1위의 불명예를 안았다. 중국이 47분으로 2위였고, 다음으로는 일본과 터키가 각각 40분이었다. 출퇴근에 가장 적은 시간을 소비하는 국가는 스웨덴으로 18분이었다.

도로에 버리는 시간을 돈으로 환산하면 얼마나 될까. 운전자 1명당 미국 약 260만 원(2,228달러), 영국 약 187만 원(1,162파운드), 독일 약 106만 원(774유로)이다. 한국도 통계청 도로 교통 혼잡비용 자료를 보면 해당 비용은 매년 증가하는 추세이다. 2016년 55조 9,000

---

* INRIX, 2020, Global Traffic Scorecard

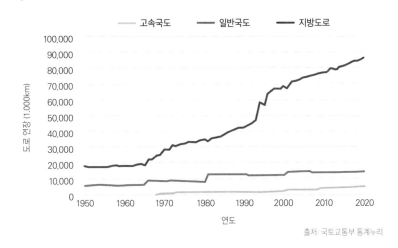

국내 도로 연장 추이

— 고속국도 — 일반국도 — 지방도로

세로축: 도로 연장 (1,000km) — 0, 10,000, 20,000, 30,000, 40,000, 50,000, 60,000, 70,000, 80,000, 90,000, 100,000

가로축: 연도 — 1950, 1960, 1970, 1980, 1990, 2000, 2010, 2020

출처: 국토교통부 통계누리

억 원에서 2018년 67조 8,000억 원으로 증가했다. 2018년 67조 8,000억 원은 GDP의 무려 3.57%에 해당하는 숫자이다. 참고로 2022년 한국의 국방 예산은 55조 2,000억 원이다.

왜 이럴까. 답은 자명하다. 도로 여건이 자동차 증가율을 따라가지 못하기 때문이다. 자동차의 대중화와 고속도로망의 확충으로 자동차 중심의 교통 인프라 정착 이후 전국적으로 도로와 고속도로망이 빠르게 확충되면서 2020년 기준 전체 도로 연장은 112,977km, 고속도로는 4,848km에 이른다. 자동차 등록 대수는 2000년 1,200만 대, 2014년 2,000만 대를 넘었으며 2020년에 2,400만 대를 기록했다. 2000년부터 2020년까지 연평균 5.1%, 20년 동안 102.1% 증가한 것이다. 자가용은 2000년 1,100만 대였다가 2016년 2,000만

대를 넘어섰다.

반면 도로 연장의 증가율은 20년 동안 27.2%로 자동차 등록 대수의 증가율보다 훨씬 낮은 수준이다. 도시로의 인구 집중은 한정된 공간에서의 자동차 통행량을 점점 더 증가시키므로 도로 부족은 더 심화할 수밖에 없다.

전문가는 인구가 감소하고 있으나 도시 과밀화, 인구 고령화 급진전, 1인 가구 증가에 대책이 없다면 끊임없는 도시 과밀화와 교통난을 일으킴으로써 삶의 질을 떨어트릴 것이기 때문에 시대 흐름에 맞는 교통 수요에 대한 돌파구 마련이 시급한 시점*이라고 보고 있다.

교통사고의 사회적 비용 43조 원

우리나라 최초의 교통사고는 1899년 5월에 발생했다. 종로 일대를 오가던 전차에 치인 5세 아이가 숨지고 말았고, 아이의 아버지와 군중은 전차를 불태웠다. 자동차로는 1901년 우리나라에 여행차 들렀던 미국인이 서대문 인근에서 소달구지를 들이받은 게 첫 사고로 전해지고 있다.

2021년 WHO에 따르면 세계적으로 매년 약 130만 명이 교통사고로 숨지는 것으로 나타났다.** 최대 5,000만 명은 목숨을 부지하더

---

* 한국지능정보화진흥원, 2019, DNA 플러스 2019 스마트 모빌리티 서비스의 현황과 미래

** World Health Organization, 2021, Road Traffic Injuries

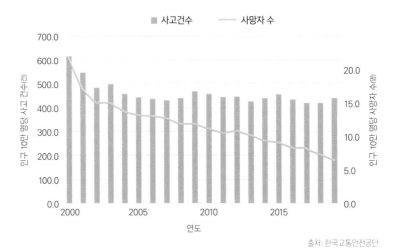

국내 교통사고 건수 및 사망자 수 추이

■ 사고건수 ─── 사망자 수

출처: 한국교통안전공단

라도 교통사고 후유증으로 장애를 앓고 살아간다. 이런 것을 합하면 교통사고는 대부분의 나라에 GDP의 3%에 해당하는 손실을 끼친다. 교통사고에는 여러 요인이 있지만, 과속으로 평균속도가 1% 증가하면 치명률이 4% 증가하는 것으로 나타났다. 보행자를 칠 경우는 시속 50km로 달릴 때보다 65km로 달릴 때 사망률이 4.5배나 늘어난다.

한국교통안전공단의 교통사고 통계자료를 살펴보면 국내의 인구 10만 명당 사고 건수는 2000년대 초반 소폭 감소한 이후 매년 420~500건을 유지하는 추세이다. 인구 10만 명당 사망자 수는 2000년 20명을 넘었다가 2014~2018년 동안에는 평균 8만 5,000명 수준으로 크게 감소했다. 하지만 이는 OECD 국가들과 비교해 보면 칠레(11만 3,000명)와 미국(11만 1,000명)에 이어 3위의 불명예이다. 자동차와 교통 인프라 기술의 발전 수준과 교통안전 정책 등의 실행 등에 비해 교통안전은 형편없는 수준인 것이다.

한국교통연구원에 따르면 도로 교통사고의 사회적 비용은 2019년 43조 3,445억 원에 이르는 것으로 추산됐다. 이는 교통사고가 129만 2,864건 발생해 3,349명이 숨지고 205만 3,971명이 다친 데 따른 결과이다. 사회적 비용 43조 원은 같은 해 우리나라 GDP의 2.26%에 해당한다. 2010년 미국 1.85%, 2009년 일본 1.35%, 2019년 영국 1.54%보다 매우 높은 수치이다. 교통 혼잡 비용과 교통사고의 사회적 비용을 합치면 연간 GDP의 6% 가까이 허공으로 사라지는 셈이다.

환경 파괴의 주범이라는 주홍글씨

자동차 증가에 따른 에너지 과소비와 환경오염에 문제는 어제오늘의 일이 아니다. 국제에너지기구에 따르면 세계적으로 에너지 소비량은 증가 추세이며 자동차의 주원료인 오일 에너지원의 소비량은 1990년 2,606Mtoe에서 2018년 4,051Mtoe으로 55% 증가했다. 2000년대 기준으로 세계적으로 연료 소비량 중에 오일의 비중은 약 42%이며 OECD 국가는 세계 평균보다 높은 약 49%이다. 오

연도	오일 소비량 중 교통 부분 비중(%)			
	도로	철도	항공	합계
1990	42.9	1.1	7	50.9
1995	44.4	0.9	6.8	52.1
2000	45.7	0.9	7.2	53.7
2005	46.5	0.9	7.1	54.5
2010	48	0.8	7	55.8
2011	48.8	0.9	7.2	56.8
2012	49.2	0.8	7.2	57.2
2013	49.7	0.8	7.3	57.8
2014	49.6	0.8	7.4	57.8
2015	49.7	0.8	7.6	58.1
2016	49.8	0.7	7.9	58.4
2017	49.4	0.7	8.1	58.2
2018	49.3	0.8	8.3	58.5

오일 소비량 중 교통 부문 비중 추이

출처: IEA, 2020, Key World Energy Statistics

일 중에서도 도로 부분의 비중은 매년 증가하였으며 1990년 초반
40% 정도였던 그 비중은 2018년 50%에 도달했다.

국제에너지기구의 통계에 따르면 전 세계의 CO_2 배출량은 점점
증가하고 있으며 교통 부분에서 배출되는 비율은 1990년부터 2018
년까지 30년간 약 22~25% 수준이다.

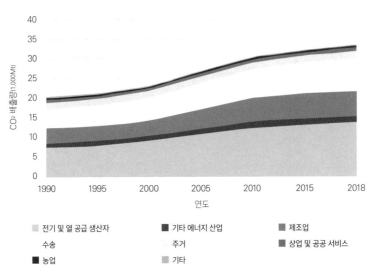

에너지원별 이산화탄소 배출량

범례:
- 전기 및 열 공급 생산자
- 기타 에너지 산업
- 제조업
- 수송
- 주거
- 상업 및 공공 서비스
- 농업
- 기타

출처: IEA, 2020.08., Key World Energy Statistics 2020

지구 온도를 낮춰라

2021년 8월 기후변화에 관한 정부 간 협의체(IPCC)는 2011~2020년에 지구의 지표면 온도가 산업화(1850~1900년) 이전보다 1.09도 상승했다는 보고서를 내놨다. 이런 추세라면 2040년 전에 산업화 전보다 섭씨 1.5도 상승한다고 한다. 기존 분석보다 10년 이상 빨라진 것이다. 앞서 IPCC는 2018년 지구 온도가 1.5도 상승하는 시점을 2030~2052년으로 예측했었다. IPCC의 보고서는 유엔기후변화협약 총회와 파리협정 등에서 근거로 사용된다.

OECD 국가로 한정하면 CO_2 배출량은 2000년대 중반 이후 감소세이지만 교통부분 비중은 1990년 25% 수준에서 2018년 31%로 증가했다. 국내 전체 CO_2 배출량 가운데 교통 부분의 비중은 2000년 이후 16~19%를 차지하고 있다.

지구가 더워지면서 엄청난 경제적 손실도 발생한다. 세계기상기구(WMO)는 2021년 발표한 연례 보고서에서 2020년 아시아의 기온이 1981~2010년 평균보다 1.39도 높았다며 이에 따른 기상이변 등으로 한국은 28조 원의 손실을 봤다고 밝혔다. 중국이 아시아에서는 278조 원으로 가장 많았고 일본이 97조 원, 북한이 3조 원 등이었다.

PART
2

ICT와 한 몸이 된
자동차

1914. 차량 시트·덮개 공정

포드 모델T는 첫 대량 생산 자동차였다. 대량 생산이라는 용어가 1926년 브리태니커 백과사전에 처음 실리기 전에는 1913~1914년 미국 미시건주 하이랜드 공장에서 완성된 일괄 생산flow production 방식을 포디즘Fordism이라 불렸다.

노동자들은 기계의 속도에 맞춰야 했을 뿐 아니라 몇 시간이고 같은 일을 반복해야 하는 지루함을 견뎌야 했다. 이들에게는 화장실 가는 시간을 포함해 점심시간 15분만이 심신을 지치게 하는 단순 반복 작업에서 벗어나는 길이었다.*

---

* American National Biography

영화 〈데몰리션 맨〉(1993년)의 한 장면에서 2032년 한적한 길을 달리는 샌드라 불럭이 운전석 계기판에 달린 모니터를 보며 여유롭게 영상통화를 한다. 불럭이

출처: Warner Bros

"Software"라고 말하자 자동차에서 "Self-drive Engaged"라는 음성이 나오고 운전대가 펴진다. 이 장면을 현재 레벨 0~5로 분류하는 자율주행 기술 수준으로 보면 레벨 3 정도일 듯하다.

실베스터 스탤론은 박물관에 있던 클래식 머슬카를 몰고 악당 웨슬리 스나입스를 추적하며 현란한 곡예 운전을 선보인다. 조수석의 불럭은 기겁하면서도 환호한다. 운전대를 넘겨받은 샌드라 불럭은 "어떡해? (가속) 페달을 밟으면 되는 거야?"라고 말한다.

영화의 장면이 이제 먼 미래의 이야기가 아니다. 자동차의 심장, 엔진은 곧 사라질 운명이다. 글로벌 자동차 업체들은 2030년 전후로 전기차나 수소연료전지차만 만들 계획이다. 18세기 중반 제임스 와트의 증기기관, 19세기 초 조지 스티븐슨의 증기기관차에 이어 19세기 말 다임러Daimler와 벤츠Benz에서 시작한 자동차의 내연기관이 약 150년 만에 역사 속으로 사라지는 것이다.

CES의 메인은
자동차

일론 머스크는 시간이 흐른다고 기술이 스스로 발전한다 여기지 않는다. 머스크는 2017년 TED Technology Entertainment Design에서 이렇게 말했다. "사람들은 기술이 자연히 발전한다고 생각하지만 그렇지 않습니다. 많은 사람들이 더 낫게 만들려고 노력해야 발전합니다. 기술은 그냥 놔두면 퇴보합니다. 위대한 이집트문명을 보세요. 피라미드를 만들 수 있었지만 지금은 그 방법을 잊었잖아요."

사람이 실제 타고 다닐 플라잉카 Flying Car로 발전한 드론도 마찬가지이다. 초기 헬리콥터는 로터의 회전 방향으로 동체가 같이 도는 것을 막는 기술이 필요했다. 그래서 꼬리 부분에 별도의 로터를 달거나 서로 다른 방향으로 도는 메인 로터 2개를 상하에 겹쳐놓은 식으로 문제를 해결했다.

지금 수준에서야 우스꽝스럽게 보일지는 몰라도 헬리콥터가 개발되기 전에는 유튜브만 봐도 사람들이 얼마나 많은 시행착오를 겪었는지 쉽게 확인해 볼 수 있다. 헬리콥터는 드론으로 발전했고, 드론은 이제 사람이 실제로 탑승하는 플라잉카가 됐다. UAM의 아이디어는 갑자기 나오지 않았다. 인간의 상상력과 기술 발전이 상호작용을 하면서 꿈을 현실로 만든 것이다. 머스크의 말처럼 기술은 스스로 발전하지 않는다는 말을 실감하게 하는 대목이다.

자동차는 두말할 나위가 없다. 미국 라스베이거스에서 매년 열리는 CES는 모터쇼를 방불케 한다. CES 2022의 카테고리를 살펴봤다. 〈DIGITAL HEALTH〉, 〈VEHICLE TECH〉, 〈SMART CITIES〉, 〈SMART HOME〉 등 4개 그룹 중 〈VEHICLE TECH〉가 당당히 한 자리를 차지하고 있다.

커넥티드카Connected Cars 등 IT 분야에서 활발한 저술 활동을 하고 있는 미국의 린 윌포드는 2019년 모터쇼를 평가하는 글의 제목을 '세계 최대의 모터쇼?'라고 달았다. 몇 마력이고 토크가 얼마나 되고 조향장치가 어떻고 승차감은 이러저러하고 편의사항은 뭐를 장착했다든지 그간의 모터쇼의 화두는 더 이상 유효하지 않다. 윌포드는 CES가 "기존 모터쇼에 강력한 경고가 될 것"*이라고 단언한다. 윌포드의 기고문에서 스위스의 콘셉트카 기업 린스피드Rinspeed의 창업자이자 CEO는 "CES가 세계에서 가장 혁신적인 곳이며 CES를 건너뛰느니 제네바 모터쇼를 건너뛰겠다"라고까지 말했다.

---

* Auto Futures, 2019, CES: The World's Biggest Auto Show?

지속가능한
교통을 위한 선택

ICT 기술의 혁신으로 4차 신업혁명과 함께 자동차와 ICT 기술을 융합하는 새로운 패러다임, 모빌리티 4.0이 등장했다. 이는 자동차 자체의 편의성 증가만 뜻하지 않는다. 이동을 사람 중심으로 일대 전환하는 혁명이 모빌리티 4.0의 목표이다. 이미 메가시티Mega city의 2차원은 꽉 찼다. 2차원 교통의 효율을 높이고 3차원으로 나아가야 할 때이다.

에이스의 전략 C.A.S.E

사람 중심의 지속가능한 모빌리티는 C.A.S.EConnected, Autonomous Driving, Shared, Electrified로 대표되는 각각의 기술을 융합하는 쪽으로 움직이고 있다. 2017년 1월 CES 2017에서 메르세데스벤츠는 미래자동차 핵심 전략인 'C.A.S.E'를 발표했다.

›› Connected

교통서비스의 이용자와 공급자, 교통수단, 교통 인프라를 ICT로 연결해 이용자의 편의성을 제고

›› Autonomous Driving

운전자의 개입 없이 자동차 스스로 주변의 환경을 인지하고 주행 상황을 판단하고 제어하는 자율주행 기술

›› Shared

이용자들이 다양한 교통수단을 공동 이용하는 실시간 모빌리티 서비스 및 시스템 도입으로 경제성을 확보하고 혼잡성을 해소

›› Electrified

전기 기반 교통수단의 대중화를 통해 연료 에너지 소비 및 환경 오염물질 배출을 줄이고 친환경 모빌리티 시대로 전환

GM의 산학연계 학생으로 시작해 40년 만에 CEO에 오른 메리 배라는 "전기차가 GM의 주요 성장전력이며 스마트시티 Smart City 를 발전시키는 데 엄청난 역할을 할 것"이라고 밝혔다. 배라는 "전기차가 깨끗한 교통수단을 제공할 것이며 모든 자율주행차는 전기차가

---

* Stevens, C, 2021, GM: Leading the Future of Mobility. Consumer Technology Association.

될 것"이라고 단언한다. 따라서 "새 부품을 끼워 넣는 차원이 아니라 처음부터 집적된 자율주행 능력을 갖춘 전용 전기차를 만드는 것이 가장 안전하고 가장 효율적인 방법"이며 이런 방법이 "자율주행차의 엄청난 잠재력과 사회적 유용성의 열쇠를 열 것"이라고 한다.

배라는 2021년 10월 미국 미시간주 GM테크센터에서 열린 투자자 행사에서 2035년까지 전기차로 전면 전환하겠다는 목표를 제시했다. 실행 방안도 구체화했다. 세계 자동차의 심장 도시인 디트로이트에 전기차만 만드는 생산 라인을 갖춘 데 이어 다른 공장들도 전기차 라인으로 전환해 나간다. GM이 여기서 만드는 전기차는 신차만 해도 30종이다.

모빌리티 혁명이 앞당길 미래도시

우리들에게 《80일간의 세계 일주》, 《해저 2만 리》 등으로 익숙한 프랑스의 작가 쥘 베른은 한국에서도 출간된 《20세기 파리》라는 작품에서 미래 프랑스 파리의 모습을 묘사한다. 1863년에 집필한 이 소설은 100년 후, 그러니까 1963년 파리를 그리고 있다. 소설에서는 컴퓨터, 인터넷, 전자상거래 등이 나온다. 당시의 과학기술에 대한 이해를 바탕으로 했겠지만, 이쯤 되면 예언에 가깝다.

1장에서 언급한 하이퍼루프의 개념은 《20세기 파리》에도 나온다. "취관 속의 공처럼… 기관차가 이끌려 가는 것이다." 놀라운 이야기는 뒤에 또 나온다. "많은 자동차 역마다 설치된 가스충전소에서 필요한 수소를 공급받게 되어 있었다." 베른은 수소가 미래 연료로 쓰일 것이라는 발상은 과연 어디서 얻었을까.

전기동력 기반의 자율주행차와 공유플랫폼 기술 등의 융합은 도시의 교통 혼잡과 안전, 환경문제 등을 완화해줄 것으로 기대되고 있다. 한계에 이른 교통 문제를 해결하기 위해 교통수단의 이동범위를 3차원으로 확대하는 UAM에도 완전자율주행 기능이 더해진다면 우리 사회는 어떤 모습으로 변할까.

새로운 도전

C.A.S.E로의 전환과 끊김 없는 교통서비스 MaaSMobility as a Service가 융합되고 여기에 UAM이 가세하면 모빌리티의 일대 대전환이 진행될 것으로 전망된다. 기술의 발전과 새로운 교통서비스의 출현이 사람 중심의 모빌리티 사회를 구축할 것으로 기대된다.

새로운 모빌리티 생태계에 산업구조는 격변이 예상된다. 내연기관 차량과 밀접하게 관련된 주요 부품 시장은 큰 하락에 노출될 것이며 통신 인프라, 자율주행, 전기차 관련 부품 시장은 더 크게 성장*할 것으로 전망되고 있다.

한국전자통신연구원은 자율주행차의 확산이 완성차 산업에서 피라미드형 가치사슬의 붕괴를 가속할 것으로 전망한다. 자동차 산업 생태계는 IT기술을 중심으로 융·복합화가 진행돼 시장 및 산업구조가 변화·확장된다. 이런 급격한 변화에 따라 다양한 신규 경쟁

---

* 삼일회계법인. 2020. 삼일 인사이트Samil Insights 자동차 산업

자동차 산업 가치사슬의 변화

OEM
티어 0.5 공급자
티어 1 공급자(시스템)
티어 2 공급자(모듈 또는 부품)
티어 3 공급자(원재료, 중간재 또는 부품)

가치사슬
변화

OEM   IT 공급자
티어 X 공급자   온라인 공급자
디바이스 제조사   통신업체

출처: 유진투자증권

자들이 출현하여 전통적 자동차 업체와 경쟁하는 동시에 협력하는
등 생태계의 변화·확장이 예상된다는 것이다.*

프라이스워터하우스쿠퍼스PwC는 자동차 산업 구조 전반에 걸친
변화로 인해 자동차 산업 가치사슬에서의 매출과 이익 구조가 변화
할 것으로 전망했다.** 2030년 자동차 산업 전체 매출 중 전통적인
사업 분야에서 발생하는 비중은 70% 수준으로 감소하고 이익 비중
도 50% 수준으로 감소한다는 것이다. 반면 소프트웨어, 차량 공유
등 기존 자동차 산업에서는 중요하지 않거나 존재하지 않았던 분야
의 매출 비중은 2015년 3%에서 2030년 19%까지 증가하고 이익은

---

* 전자통신연구원, 2019, [Insight Report]지능형 자동차 산업의 발전 동향 및 핵심 기술 개발 분야

** 경제·인문사회연구회, 2020, 모빌리티 혁명에 대응한 대한민국의 국가전략 수립

4%에서 36%까지 비중이 늘어날 것으로 전망했다.

사라지는 산업은 또 있다. 2020년 한국의 운수업 종사자 수는 버스와 택시, 화물차 등 74만 9,000명이다. 완전자율주행이 이루어지면 이들 중 상당수는 직업을 잃을 수밖에 없다. 이런 산업 구조 재편에 대비하지 않으면 대규모 실업에 시달리면서도 모빌리티 혁명을 이끌 핵심 인력은 수입하는 상황에 내몰릴 수밖에 없다.

전기차의 문제

'IBM 사이먼'(좌)과 '노키아 9000 커뮤니케이터'(우)

출처: 위키백과

세계 최초의 스마트폰은 언제 나왔을까? 정답은 1993년이다! IBM의 'IBM 사이먼'이 출시됐을 때였다. 지금의 스마트폰과 비교하면 크고 무거웠지만, 통화와 팩스, 이메일 등 다양한 기능을 갖춘 엄연한 스마트폰이었다. 이후 1996년에는 노키아 Nokia가 DOS 프로그램과 인터넷 접속까지 가능한 완벽한 모습의 스마트폰 '노키아 9000 커뮤니케이터'를 출시했다.

하지만 이 세계 최초의 스마트폰들의 수명은 길지 않았다. 문제는 인프라였다. 당시 통신망은 데이터가 아닌 음성 송수신을 위해 설계됐고, 심지어 웹브라우저조차 없었다. 제아무리 기능이 많아도 쓸 수가 없으니 시장에서 철저히 외면됐다. 기술만큼이나 그 기술을 뒷받침하는 인프라도 중요하다는 것을 보여준 대표적인 사례였다.

1832년 스코틀랜드의 사업가 로버트 앤더슨은 지금까지 볼 수 없었던 새로운 마차를 내놨다. 말이 없는 마차, 전지로 달리는 마차였다. 원유로 발전하는 1차 전지를 동력으로 삼는 이 마차는 원유전기마차Crude Electric Carriage로 이름 붙여졌다. 세계 최초의 전기차였다. 벤츠의 창업자 카를 벤츠가 세계 최초의 가솔린 자동차를 출시한 것이 1885년이니 무려 50년을 앞선 것이다.

문제는 충전이었다. 당시 기술로는 전지를 재충전할 수가 없었기에 한 번 쓴 전지는 버리고 새로운 전지로 갈아 끼워야 했다. 1865년 축전지가 개발되면서 상황이 바뀌었다. 재충전이 가능해진 전기차는 급속도로 발전하기 시작했고, 결국 1886년 영국의 발명가 토마스 파커가 전기자동차의 상용화에 성공했다.

하지만 여전히 한계가 있었다. 가격이 지나치게 비쌌고, 축전지는 무겁고 충전도 오래 걸렸다. 무엇보다도 오래 달릴 수가 없었다. 사람들은 완벽한 대체재인 가솔린 자동차로 눈길을 돌렸다. 1913년 헨리 포드가 자동차 대량 양산을 시작한 것이 결정타였다. 시장의 외면 속에 전기차는 모습을 감췄다. 상용화 이후 30년 만이었다. 그 이후 100년은 가솔린 자동차의 시대였다.

그러던 포드는 2030년까지 생산되는 차 중 전기차의 비율을 40%까지 확대하겠다고 밝혔다. 유럽 시장에서는 아예 전기차만 생산하겠다고 선언했다. 전기차의 종말을 불러온 포드가 전기차 전면 도입에 나선 것이다. 포드뿐만이 아니다. 현대차, GM, 벤츠, 볼보Volvo, BMW, 혼다Honda를 위시한 글로벌 자동차 업체들 모두 2030~2040년 사이에 전기차 제조 회사로 변신하겠다는 계획을 밝혔다.

각국 정부 역시 전기차에 사활을 걸기 시작했다. 조 바이든 미국 대통령은 2030년부터 미국에서 판매되는 자동차의 50%를 친환경 차로 만들겠다고 한다. EU는 한술 더 떠 2035년부터는 휘발유와 디젤 차량 판매를 금지하기로 했다. 우리나라 역시 2050년까지 전기차 등 무공해차 비중을 76% 이상 늘린다는 방침이다.*

---

* 〈매일신문〉, 2021, 전기차 가속 질주…내연자동차 종말 10년 내 닥친다

전기차의
봄이 온다

2005년부터 본격적으로 재개발이 시작되던 전기차는 2015년 파리기후협약 이후 화려한 복귀를 했다. 이 협약에서는 각국이 온실가스 배출량을 줄여야 한다는 내용을 담고 있는데, 전 세계 온실가스 배출량의 1.4%를 차지하는 수송 부문, 그중에서도 화석연료를 사용하는 내연기관 차가 주요 타깃이 됐다.[*]

유럽 각국은 이산화탄소 배출 감소를 이행하지 못하는 자동차 제조업체에 관련 벌금을 부과하기로 했는데, 당장 2021년부터 초과분 1g당 95유로의 벌금이 내려지고 있다. 또한 저탄소 배출 차량 구매 시 보조금을 지급하거나 세금을 감면해주는 조치는 이미 세계 각국에서 시행되고 있다.

---

[*] 〈가스신문〉, 2021, 내연기관 차 저물고 수소차, 전기차 등 친환경차 뜬다

세계 유수의 컨설팅 회사도 틀렸다

2010년에 세계 유수의 컨설팅 회사들은 2020년 미국 내 전기차의 점유율을 어떻게 예측했을까. 도이치방크Deutsche Bank는 11%, PwC는 9%, 보스턴컨설팅그룹Boston Consulting Group은 5%가 될 것으로 봤다. 하지만 현실은? 단 2%였다. JP모건J.P. Morgan의 마이클 셈발레스트 총괄은 이렇게 설명한다. "운행 중인 승용차 등의 경량차량light vehicle의 평균 수명이 1972년의 2배가 됐다. 이것이 전기차 기술의 파급을 지연시켰다. 의도치 않은 결과였다"[*]

특히 2020년에는 전기버스와 전기트럭의 등록 비중이 상당하게 증가했는데, 이는 중국 정부의 정책 효과로 분석된다. 중국은 2020년에만 전기버스 7만 8,000대가 등록됐다. 2019년보다 9%나 증가한 수치이다. 전기트럭 역시 6,700대를 새로 등록해 전 세계에서 가장 많은 수를 기록했다.

자연스레 전기차 시장의 파이도 커지고 있다. 2020년 전 세계 소비자가 전기차를 구매하기 위해 사용한 비용은 총 1,200억 달러로

---

[*] J.P. Morgan Asset&Wealth Management, 2021, 2021 Annual Energy Paper

2019년 대비 50% 가까이 증가했다. 전기차 구매를 유도하기 위한 전 세계 국가들의 투자 금액도 2020년 기준 총 140억 달러로 2019년 보다 25% 늘었다.

전기차 산업이 기지개를 켜고 있다. 국제에너지기구는 지금의 글로벌 정책 기조가 유지된다면 10년 뒤인 2030년에는 전 세계의 전기차가 총 2억 3,000만 대까지 늘어날 것으로 봤다. 전체 자동차 등록 대수의 12% 정도이다.

이런 흐름을 타고 전기차의 보급은 빨라지고 있다. 전기차 모델을 기준으로 2020년 생산되는 모델은 총 370종, 2019년보다 40% 가까이 증가했다. 전기차 누적 등록 대수 역시 2020년 약 1,000만 대를 돌파하며 2019년 대비 43% 급증했다.

국내 전기차 등록 대수는 역시 2020년 13만 4,000대로, 2018년 5만 5,000대에서 2배 이상 늘어났다. 전체 등록 자동차에서 전기차가 차지하는 비중 0.55%로 역시 7년 전보다 80배 가까이 폭등했다.

전기차의 시대가 활짝 열리고 있는 것일까? 하지만 아직 넘어야 할 문턱이 있다. 아이러니하게도 100년 전 전기차가 시장에서 사라졌던 그 이유이다. 바로 충전과 배터리의 문제이다.

연도별 국내 전기차(수소차 포함) 등록 대수 및 비중

구분	2013	2014	2015	2016	2017	2018	2019	2020
전기차 등록 대수	1,464	2,775	5,712	10,855	25,108	55,756	89,918	134,962
전기차 등록 비중(%)	0.007	0.01	0.03	0.05	0.11	0.24	0.38	0.55

출처: 국토교통부, 2021.01.20, 20년 12월 기준 자동차 등록 대수 2,437만대. 친환경차 80만 대 돌파

전기차는 돈이 될까

맥킨지 McKinsey 는 전기차의 수익성을 다음과 같이 전망했다.

- 주요 시장에서 전기차 판매는 늘고 있지만 현재의 전기차 모델, 특히 high-end가 아닌 mid-point나 entry-level 세그먼트는 겨우 손익분기점을 넘을 뿐이다. 판매 증가에 따른 규모의 경제는 갈수록 경쟁이 치열해지는 시장에서 가격 압력을 상쇄하지 못한다.
- 전기차의 수익성은 오른다. 영업이익률은 2030년 8~10%에 충분히 이를 것으로 보인다
- 최적의 생산 기술을 적용한다면 2030년 영업이익률을 추가로 8%포인트 끌어올릴 것이다.
- 낙관적으로 전망하자면 영업이익률을 2030년에 5~12%포인트, 많게는 20%포인트 더 올릴 수도 있다. *
- 이상을 종합하면 전기차를 만들면 영업이익률이 38%가 될 수 있다는 말인가?

---

* McKinsey & Company, 2021, Electrifying the Bottom Line

패를 쥔 충전

가솔린 자동차가 주유소에서 기름을 넣듯이 전기차는 전용 충전소를 통해 전기를 공급받는다. 전기차의 성공적인 안착을 위해 가장 중요한 것 중 하나가 바로 충전소이다. 충전 인프라와 전국에 전기차 충전망이 얼마나 촘촘하게 깔려 있느냐가 결국 전기차의 미래를 결정할 수밖에 없다.

전기차의 충전은 크게 AC(교류) 충전과 DC(직류) 충전 방식으로 나뉜다. 현재 가장 일반적으로 사용되고 있는 AC 충전의 경우 'AC 단상 5핀'이 방식이 가장 일반적이다. 충전이 빠르지 않은 완속 충전이라 불리는데, 이는 충전기의 교류를 배터리의 직류로 변환해야 하기 때문이다. 복잡한 과정을 거쳐야 하기에 많은 시간이 소모되며 완충까지 4~5시간 정도 걸린다.

1시간 이내, 짧게는 십여 분 만에 충전이 가능한 급속 충전도 있다. 르노와 테슬라의 충전기로 잘 알려진 AC 3상, 그리고 DC 차데모와 DC 콤보이다.[*] 한 가지 모델만 있는 완속 충전과 달리 급속 충전의 경우 서로 다른 3가지 모델이 공존하고 있다. 제조사와 사용자의 불편이 커 조만간 통일안을 내놔야 한다는 의견이 나오고 있다.

| 이걸 알아야 |

전기차의 선결 조건

PwC는 2021 Digital Auto Report[**]에서 e-모빌리티가 유럽에서 변곡점에 있다고 밝혔다. 정부의 강력한 인센티브 제공과 규제로 2025년 신차 판매 중 27%가 전기차가 될 것이라는 전망이다. 이는 중국 19%, 미국 6%, 일본 5%보다 훨씬 앞선 것이다. PwC는 아울러 충전 인프라 확충이 늦어지는 점은 전기차 시장 성장에 가장 큰 장애물이 될 것이라고 강조했다.[***]

---

[*] 메르세데스-벤츠, 2019, 충전기 종류

[**] PricewaterhouseCoopers, 2021, The 2021 Digital Auto Report

[***] Deloitte Touche Tohmatsu Limited, 2021, Deloitte Insights, 전기차 충전소의 경제성과 시장의 기회 영국 사례 중심

EU의 경우 학계의 의견을 바탕으로 전기차 충전소의 적정 숫자를 권고하고 있다. 완속 충전기의 경우 전기차 10대당 1곳, 급속 충전기의 경우 전기차 80대(기술이 발전할 경우 최대 1,800대)당 1곳이다.

한국의 상황은 어떨까. 지난 2000년대 말부터 한국전력을 시작으로 여러 정부기관은 전기차 활성화를 위해 전국 곳곳에 전기차 충전소를 설치 중이다. 친환경자동차법 등을 통해 아파트 등 대단지에 충전소를 설치하는 것을 의무화하고 있고 2020년 2월에는 지정 사업자만 가능했던 충전소 설치를 개방형으로 전환했다. 그 이후 현대차와 기아 등 완성차 업체들도 전기차 충전소 확충에 열을 올리고 있다.

2020년 7월 기준 전국의 전기차 충전기는 완충이 60,641곳, 급속이 10,831곳이다. 이를 EU 기준으로 환산하면 전기차의 적정 숫자는 약 147만 대로 현재 국내에 등록된 전기차 수(약 17만 대)의 8.5배이다. 언뜻 충전소가 충분한 것처럼 보이지만 데이터를 분석해보면 조금 이야기가 달라진다. 아래 표는 지난 2016년부터 2021년까지 전기차와 전기차 충전소 수의 추이를 보여준다.

전기차의 수와 충전기의 수 모두 점점 증가하고 있다. 하지만 이 숫자들을 다시 계산해보겠다. 앞서와 같이 EU 기준에 따라 완속 충전기의 경우는 전기차 10대를 감당할 수 있고, 급속 충전기의 경우는 전기차 80대를 감당할 수 있다고 가정하고 적정 전기차 수를 산출했다.

국내 전기차 및 전기차 충전소 수

구분	전기차 수(대)	완속 충전기(곳)	급속 충전기(곳)
2016년	10,855	1,095	919
2017년	25,108	10,333	3,343
2018년	55,756	22,139	5,213
2019년	89,918	37,396	7,396
2020년	134,962	54,383	9,805
2021년	174,383	60,641	10,831

출처: 국토교통부, 2021.01.20, 20년 12월 기준 자동차 등록 대수 2,437만 대, 친환경차 80만 대 돌파

실제 전기차 수 대비 적정 전기차 수는 2017년 14.8을 기록한 뒤로는 계속 하락 중이다. 전기차 충전소의 증가 속도가 전기차 증가의 속도를 따라오지 못하고 있다는 뜻이다.

국내 전기차 및 적정 전기차 수

| 구분 | A | B | B/A |
	국내 전기차 수(대)	적정 전기차 수(충전기 대비)	
2016년	10,855	84,470	7.8
2017년	25,108	370,770	14.8
2018년	55,756	638,430	11.5
2019년	89,918	965,640	10.7
2020년	134,962	1,328,230	9.8
2021년	174,383	1,472,890	8.4

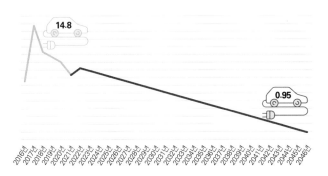

실제 전기차 수 대비 적정 전기차 수의 미래 추이 분석

— 실측치　　━ 예측치

14.8

0.95

2016년 2017년 2018년 2019년 2020년 2021년 2022년 2023년 2024년 2025년 2026년 2027년 2028년 2029년 2030년 2031년 2032년 2033년 2034년 2035년 2036년 2037년 2038년 2039년 2040년 2041년 2042년 2043년 2044년 2045년 2046년

이를 다른 요소를 배제하고 단순히 산술적으로 계산해보면, 2046년에는 실제 전기차 수 대비 적정 전기차 수의 수치가 0.95까지 떨어진다. 다시 말해 전기차 충전소가 적정 수준보다 부족해진다는 뜻이다. 전문가들은 DC 급속 충전기를 확대해야 한다고 주장한다. 완속 충전기보다 10배 이상의 효율을 낼 수 있다.

급속 충전기를 단독으로 활용할 수 있다는 것은 곧 전기차 주유소의 등장도 머지않았다는 뜻이다. 현재 기존 가솔린 주유소에 전기차 충전기가 딸린 경우는 있지만, 전기차 주유소가 단독으로 설치된 경우는 없다. 만약 시장성만 확인된다면 이러한 단독 전기차 주유소 역시 하나의 주요한 산업으로 떠오를 것으로 예상된다.

하지만 난관이 하나 있다. 현재 전기차 충전 인프라의 절대 다수가 공공기관에 의존하고 있다는 점이다. 과거부터 꾸준히 전기차 충전기를 설치해온 환경부와 한국전력은 당연히 전기차의 보급을 위해 원가에 가까운 가격으로 이용자들에게 전기를 제공하고 있다. 민간기업이 이들과의 경쟁에 뛰어들 경우 단기적으로는 수익을 기대할 수 없는 것이다.

민간에 대한 정부 지원도 줄어들고 있다. 2020년 기준 최대 350만 원이었던 전기차 충전기 설치보조금은 2021년 250만 원으로 약 30% 가까이 줄어들었다. 그 때문에 일부 대기업을 제외한 사업자들은 전기차 충전소 인프라 구축 사업에 섣불리 뛰어들지 못하고 있다.

또한 앞서 언급했던 DC 급속 충전 방식의 통일도 시급한 문제로 떠오르고 있다. 지난 2017년 정부가 'DC콤보 타입1'로 충전 규격을 통일하곤 있지만 테슬라 등 일부 차종에서는 여전히 별도 어댑터가 필요한 등 불편함이 따르고 있다. 해당 업체들과의 논의를 통해 해결해야 할 부분으로 보인다.

완속과 급속과
무선

앞서 언급한 충전 방식은 모두 차량이 일정한 공간에 정차한 뒤 충전기와 연결해야 한다. 기존 가솔린 주유소에서부터 이어져 온 익숙한 광경이다. 그러나 충전의 새로운 패러다임이 등장하고 있다. 선 없이 충전되는, 심지어 달리면서 충전되는 무선충전이다.

허태정 대전시장

2020년 8월 대전의 한 도로에 달리면서 충전되는 버스 한 대가 등장했다. 미래형 친환경 버스 올레브On-Line Electronic Vehicle라 이름 붙여진 이 버스는 과연 어떻게 충전되는 것일까? 허태정 대전광역시장과 만나 이야기를 나눠보았다.

Q. 안녕하세요. 시장님, 달리면서 충전되는 전기 버스 올레브에 대한 관심이 높습니다. 올레브가 무엇인지 간단한 소개 부탁드려요.

A. 올레브(무선충전 전기버스)는 한국과학기술원에서 개발한 자기공진 방식의 무선충전 기술이 적용된 미래형 친환경 버스입니다.

본 기술을 사업화한 한국과학기술원의 교원창업기업인 와이파워원은 2020년 10월, 과학기술정보통신부의 정보통신기술 규제 샌드박스 심의에서 이 기술을 시험할 수 있도록 실증특례를 부여받았습니다.

이 특례가 적용된 올레브는 1시간에 150kW 충전, 150km를 주행할 수 있으며 '대덕특구 순환버스 시범운행사업'에서는 버스기사의 휴게시간 20분 동안 50kW 충전, 23.5km를 운행하고 있습니다.

대덕특구 재창조 선도사업 중 한 분야인 무선충전 전기버스는 '특구 1'번으로 대덕특구 순환 노선을 달리며, 시범운행 기간 동안 기술적 이슈와 시민 편의성 등을 2년 동안 검증하게 됩니다.

Q. 스마트폰 무선충전도 신기한데, 버스가 무선으로 충전되다니… 어떤 원리로 이뤄지는 건가요?

A. 자기공진 방식의 무선충전 기술은 전기버스에 무선충전장치 수신부를 장착하고 버스정류장 등 하부 또는 지하에 무선충전장치 송신부를 매설하여 버스정류장 진입 전후 및 정차 시 무선충전하는 방식입니다. 별도의 충전시설이나 충전에 따른 연결 부품(플러그)이

---

* 85KHz 무선충전 기술 활용. 한국과학기술원 내에서 전기버스 최대 7대까지 2년간 전기버스 무선충전 서비스 실증

필요 없어 유선충전 방식에 비해 안전성, 효율성, 경제성 측면에서 단연 우수하다고 할 수 있습니다.

Q. 올레브를 미래형 친환경 버스라고 소개하셨는데, 어떤 부분에서 친환경적인 면이 두드러지는지 설명 부탁드립니다.

A. 무선충전방식은 도로나 버스정류장, 버스기종점지 등 지하에 충전기기를 매설하므로 기반 구축에 따른 부지가 필요 없고, 차종과 전기용량에 따라 플러그가 서로 상이한 호환성 부족의 문제점이 해결됩니다. 또한 고속충전으로 인하여 배터리 충전량을 일정 수준으로 유지하므로 배터리 효율 및 수명 증대 등 많은 장점이 있습니다.

향후 무선충전시설 기반이 확대된다면 충전에 따른 호환성 문제 해소로 유선충전방식 대비 충전시설 소요량 감소, 부지 불필요 등의 비용 절감 효과 및 충전을 위한 연결 부품(플러그) 불필요, 충전 기반시설 축소 등에 따른 환경 저해요인 감축 효과 등으로 유선충전방식과 비교해볼 때 친환경적인 면이 단연 두드러진다고 할 수 있습니다.

Q. 앞으로의 행보가 더욱 주목됩니다. 어떤 계획을 세우고 계신가요?

A. 2023년 7월까지, 2년간 무선충전기술 실증 기간 동안 대덕특구 순환 노선에서 올레브를 안정적으로 운영하고 기술적인 부분과 대중교통으로서의 효용성 등 검증되면, 대전시의 대중교통에 도입할지 여부를 적극적으로 검토할 계획입니다.

또한 시범운행 종료 후, 다른 도시와의 연계 등 확산정책을 검토하고자 합니다. 최근 서울특별시, 광주광역시 등 타 지자체에서도 많은 관심을 보이는 것으로 알고 있습니다. 향후 우리 시의 무선충전기술 실증화가 타시도의 좋은 사례가 되고 무선충전 친환경 버스가 확산된다면 다른 도시와의 연계는 충분히 가능하리라 예상합니다.

아직 섣불리 말하긴 이릅니다만, 앞으로 무선충전기술 실증이 성공적으로 끝나고 일반 전기차량에 대해서도 무선충전기술 상용화가 이루어진다면 무선충전소에 대한 버스와 일반차량의 공동 이용도 가능할 것으로 기대됩니다.

패를 쥔 배터리

당연한 이야기지만 전기차는 전기로 움직인다. 기존 내연기관 자동차에서 엔진에 밀려 중요 조연 정도의 위치인 배터리가 전기차에서는 자연스레 단독 주연으로 급부상한다. 배터리가 가지고 있는 전력이 운동 에너지로 전환되고 바퀴로 전달돼야 이윽고 전기차의 구동이 가능해진다.

내연기관 차의 엔진이 그랬듯이 전기차의 성능은 결국 배터리로 결정된다. 100년 전 전기차가 내연기관 차에 패배한 원인이었던 효율성도 배터리의 발전으로 극복됐다. 이미 2014년 연구에서도 전기차의 에너지 효율은 내연기관 차의 2배가 넘는 것으로 분석됐다. 시간이 지난 지금은 더 말할 나위가 없을 것이다.

---

* Curran et al, 2014, Well-to-wheel analysis of direct and indirect use of natural gas in passenger vehicles, Oak Ridege National Laboratory

재사용이 가능한 2차 전지

1차 전지의 경우 기존에 보유하고 있던 전기에너지를 모두 사용하면 끝이었지만, 2차 전지는 외부의 전기에너지를 화학에너지 형태로 변환하고 저장할 수 있어 재사용이 가능하다. 일반적으로 납, 니켈, 리튬이온 등의 소재로 만들어진다.

현재 전기차 배터리 시장을 장악하고 있는 것은 리튬이온 배터리다. 1970년대 처음 등장해 1991년 일본 소니가 상업화에 성공한 리튬이온 배터리는 재충전, 재사용이 가능한 2차 전지이다. 사실 전기차뿐만이 아니라 스마트폰, 노트북 청소기 등 배터리가 들어가는 모든 전자제품은 대부분 리튬이온 배터리를 사용하고 있다. 이렇게 리튬이온 배터리의 시대가 열릴 수 있었던 이유는 뭘까.

먼저 리튬이온 배터리의 작동원리에 대해 살펴볼 필요가 있다. 리튬이온 배터리의 전체적인 구조는 아래와 같다.

배터리의 양극과 음극은 리튬이온(Li^+)을 포함한 리튬산화물(Li_xO_2)로 구성된다. 이 리튬이온은 전해액을 매개로 분리막을 통과하여 양극과 음극 양쪽을 오가며 이동하는데, 리튬이온이 양극에서 음극으로 이동될 때 배터리가 충전되고 반대로 음극에서 양극으

리튬이온 배터리의 구조

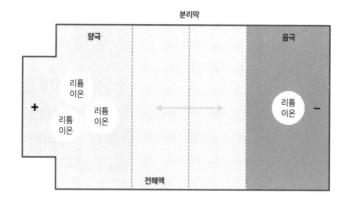

분리막

양극   음극

+   리튬이온   리튬이온   리튬이온   리튬이온   −

전해액

로 이동할 때 배터리가 방전되는 원리이다.

이 리튬이온 배터리의 등장은 2차 전지 산업의 혁명이었다. 기존 2차 전지의 가장 큰 문제는, 잘못된 방법으로 재충전을 할수록 수명이 줄어든다는 것, 또 이 잘못된 방법이라는 것이 굉장히 저지르기 쉽다는 것이었다.

10년 전만 해도 휴대전화를 충전할 때 완전히 방전된 상태로 충전해야 좋다는 이야기가 많았다. 리튬이온 배터리의 시대가 열리기 전, 2차 전지의 왕좌를 차지하고 있던 니켈-카드뮴 전지는 충분히 방전하지 않고 재충전을 시작하면 실제 최대용량에서 남아 있는 용량을 뺀 나머지를 최대용량으로 오인하는 현상이 발생했다. 이것이 바로 메모리 효과인데 이 메모리 효과를 방지하기 위해 배터리 충전 전에 완전히 방전해야 하는 번거로움이 발생했다.

하지만 리튬이온 배터리는 이러한 메모리 효과에서 자유로워졌다. 과충전이나 과방전을 방지하기 위한 마이크로칩이 들어가기 때문이다. 이 칩은 배터리의 최대용량을 기억하면서 배터리의 상태를 관리하는 역할을 한다. 이 칩으로 인해 완전히 방전되지 않은 상태에서 충전하더라도 배터리가 항상 원래 설정된 최대 용량을 유지할 수 있는 것이다. 여기에 다른 배터리보다 가볍고 자가 방전에 의한 전력 손실도 적다는 점과 고전압을 생성하고 충전 속도도 빠르다는 장점이 있다. 수많은 공학자들과 기업들이 리튬이온 배터리의 등장에 환호성을 지른 이유다.

이런 장점에 힘입어 배터리의 효율성도 시간이 지나면서 기하급수적으로 높아지고 있다. 배터리에 가장 중요한 것은 한정된 부피에 얼마만큼의 에너지를 담을 수 있냐는 것이다. 바로 배터리셀의 에너지밀도를 말하는 건데 지난 2010년 이후 10년간 배터리셀의 에너지밀도는 3배 가까이 상승했다.

하지만 큰 단점이 바로 안전성이었다. 리튬이온 배터리에 들어가는 전해질은 액체로 온도에 매우 민감하다. 만약 온도 변화(특히 고온)로 인해 배터리가 팽창하거나 외부 충격을 받아 배터리 밖으로 전해질이 새어 나오게 되면 바로 폭발 사고로 이어진다.

그 때문에 지금의 전기차는 안전성의 문제에서 벗어날 수가 없

---

* 김용선, 2017, 리튬이온전지용 양극활물질의 설계 원리 및 현황, 전기전자재료 Vol. 30 No.7.

** 하이투자증권, 2020, UAM, 3차원 길을 연다

전고체 배터리의 구조

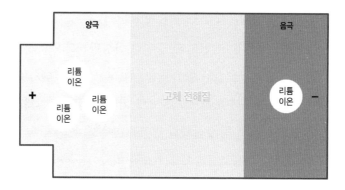

양극

음극

+

리튬
이온

리튬
이온

리튬
이온

고체 전해질

리튬
이온

−

었다. 또한 리튬이온 배터리의 양극재는 망산와 코발트를 이용해 만든다. 자원 매장량에 한계가 있는 값비싼 자원들로 전기차를 고가의 차량으로 만드는 데 일조하고 있다.

그래서 새롭게 주목받는 배터리가 바로 전고체 배터리이다. 리튬이온 배터리와의 결정적인 차이는 이름에서 쉽게 유추할 수 있듯이 전해질을 고체로 만들어놓았다는 점이다. 이 전해질이 고체 상태인 만큼 구조적으로 단단해 안정적이며 설령 외부 충격에 전해질이 훼손되더라도 그 형태를 유지할 수 있어 폭발이 화재 위험으로부터 자유로워진다.

또한 전해질 자체가 고체로 돼 있어 리튬이온 배터리와 달리 양

---

* 테크월드, 2021, '안전성' 확보한 전고체 배터리, 꿈의 배터리로 급부상

극과 음극이 섞이는 것을 막는 분리막을 따로 만들 필요가 없다. 분리막 대신 리튬이온을 가지고 있는 양, 음극을 더 많이 넣을 수 있으니 기존 리튬이온 배터리보다 효율성 면에서도 더 우수해 학계와 산업계에선 꿈의 배터리로 불린다. 당연히 삼성과 SK, 도요타 등 국내외 많은 업체들이 전고체 배터리 개발에 뛰어들고 있다. 2017년 5,300만 달러에 불과했던 글로벌 전고체 배터리 시장은 2025년 14억 800만 달러로 26배 넘게 급증할 것이란 예측도 나온다.*

하지만 아직 갈 길이 멀다. 아직 덴드라이트 Dendrite 현상 같은 기술적인 한계가 있기 때문에 전문가들은 이 전고체 배터리가 완전히 상용화되기 위해서는 빨라야 2027년은 돼야 한다고 예측하고 있다.

---

* 매경이코노미, 2020, 재계 1,2위 손잡은 전고체 배터리 뭐길래…용량 크고 배터리 위험 없는 '차세대 배터리'

덴드라이트 현상

덴드라이트 현상이란 리튬 배터리의 충전 과정에서 음극 표면에 나뭇가지 모양의 결정체가 쌓이는 현상을 말한다. 전고체 배터리에서 대표적으로 나타나는 현상인데, 아직 완벽한 해결책은 나오지 않고 있다.

이외에도 낮은 이온 전도도와 높은 계면 저항, 높은 가격 등도 해결해야 할 숙제로 남아 있다. 세계 글로벌 기업들이 모두 이 전고체 배터리 개발에 뛰어들고 있는 만큼 우리 정부도 국가적인 차원에서 전고체 배터리 개발과 상용화를 위한 정책을 펴야 할 것이란 목소리가 높다.

전기차는
친환경차인가

    전기차 하면 가장 먼저 떠오르는 것은 친환경차라는 점이다. 화석연료 대신 전기를 사용하니 내연기관에서 발생하는 매연이 사라진다는 것이 가장 큰 이유이다. 때문에 전기차와 관련된 각종 정책들을 환경부에서 관리하고 있다.

    그런데 전기차를 두고 비판하는 사람들이 있다. 환경 보호에 전혀 관심 없는 몰지각한 사람들의 이야기일까? 아니다. 비판은 바로 일부 환경단체에서 나오고 있다.

    정부는 2030년까지 친환경차 785만 대를 누적 보급하는 것을 목표로 삼고 있다.* 이 친환경차가 모두 현역이라고 가정하고 계산을 해보겠다. 전기차 중 비교적 전력을 적게 소모하는 현대 아이오닉

---

* 관계부처 합동, 2021, 제4차 친환경자동차 기본계획(2021~2025)

2020년 에너지원별 발전량 현황

■ 원자력 석탄 ■ 가스 신재생 ■ 유류 양수 ■ 기타

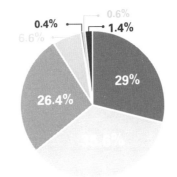

0.6%
0.4%
1.4%
6.6%
29%
26.4%

출처: 통계청 e-나라지표

을 기준으로 1년에 약 2,230kWh의 전기를 사용한다(매일 38.5km씩 운행한다고 가정하자). 많이 양보해서 모든 2030년 모든 친환경차가 아이오닉 정도의 전기만 사용한다고 계산하면 1년에 전기차들이 사용하는 전기는 총 17,506GWh다.

지난 2020년 전국의 에너지원별 발전량, 총 552,162GWh의 발전량 중에 신재생 에너지 발전량은 총 36,527GWh였다. 위에서 2030년 전국의 전기차들이 사용할 전력은 총 17,506GWh라고 계산했다. (2020년 기준으로) 신재생 에너지가 만드는 전력의 절반가량을 전기차에만 사용해야 전기차는 완벽한 친환경차가 된다는 뜻이다. 때문에 전기차가 완벽한 친환경차가 되기 위해서는 친환경 에너지, 특히 신재생 에너지의 확대가 필수적이라는 이야기가 나온다.

더 큰 문제는 바로 배터리이다. 현재 전기차 배터리의 절대 다수를 차지하는 리튬이온 배터리는 당연히 리튬이 주 소재다. 그런데 이 리튬은 채굴하는 과정에서 막대한 양의 지하수를 소모해야 한다. 또 다른 주 소재인 코발트의 경우 채굴 및 제련 과정에서 각종 오염물질이 방출된다.*

배터리를 다 쓰고 나서도 문제이다. 국립환경과학원은 이미 전기차에서 다 쓴 폐배터리를 유독물질로 분류하고 있다. 산화코발트, 리튬, 망간, 니켈 등 유해물질을 다수 함유하고 있기 때문이다. 국내 폐배터리 발생량은 2020년 약 4,700개에서 2030년에는 8만 개까지 늘어날 전망이어서 이 폐배터리를 어떻게 처리해야 할지도 관건으로 떠오르고 있다.**

과연 전기차는 친환경차가 될 수 있을까? 지금 기술 수준으로는 아니지만 전기차를 친환경적으로 운영할 수 있다. 그것은 전적으로 우리들의 몫이다. 전기차에 필요한 전기와 전기차에서 나오는 폐배터리를 어떻게 해결하느냐가 전기차의 미래를 결정한다.

---

* 〈경향신문〉. 2021. 환경훼손 '채굴'로 달리는 친환경 전기차… 바이든의 딜레마

** 뉴스퀘스트. 2021. 친환경 전기차의 딜레마… "배터리 생산, 폐기 과정서 환경오염 유발"

수소차도
전기차다

항상 전기차와 세트로 묶여 나오는 것이 수소차이다. 그 둘이 완전히 구분되는 개념은 아니다. 전기차의 하위 분류 중 하나로 수소차가 있는 것이다. 수소차 역시 결국은 전기로 움직이기 때문이다.

물론 시작은 수소다. 수소차는 외부로부터 공급받은 수소를 내부 탱크에 저장하는데 이를 공기 중의 산소와 결합해 화학반응을 일으키고 이 과정에서 생성된 전기를 자동차의 동력으로 삼는 것이다. 수소와 산소가 결합하는 만큼 부산물로 순수한 물이 배출된다.

이 수소차는 전기차가 가지고 있는 2차전지 대신 연료전지를 사용한다. 이는 기존 내연기관 차와 비슷하다. 내연기관 차가 휘발유를 태우는 과정에서 나오는 화학에너지를 엔진을 통해 사용한다면, 전기차는 수소와 산소의 결합 과정에서 나오는 전기에너지를 연료전지를 통해 활용한다는 차이만 있을 뿐이다.

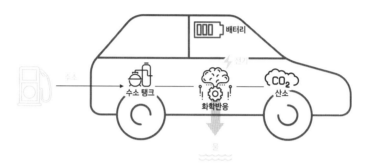

수소차 개념도

기존 전기차보다 수소차가 가지는 가장 큰 장점은 바로 에너지 효율성이다. 현대차의 아이오닉이 1회 충전으로 갈 수 있는 최대거리는 420km 안팎이다. 하지만 같은 현대차의 수소차 넥쏘는 1회 충전으로 최대 609km를 갈 수 있다. 서울에서 대구를 왕복하고도 남는 거리이다.

이는 전기차뿐만 아니라 기존 내연기관 차와 비교해도 긴 주행거리이다. 다른 연료에 비해 수소의 단위당 열량이 높기 때문에 연료(수소)탱크가 내연기관 차량보다 작더라도 그보다 더 많은 거리를 갈 수 있다. 또한 완충에 걸리는 시간이 5분 정도 소요된다. 짧게는 15분(급속충전) 길게는 4~5시간(완속충전)이 걸리는 전기차와 비교할 수 없을 정도로 빠르다.

하지만 현재 수소차 시장의 규모는 아주 작다. 2020년 하이브리

---

* 한국교통연구원, 2020. 시장성과 친환경차 산업을 고려한 수소전기차 도입 전략

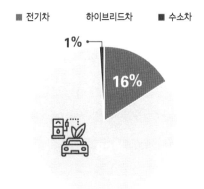

2020년 국내 친환경차 비중

■ 전기차   하이브리드차   ■ 수소차

1%

16%

출처: 국토교통부 보도자료, 2000, 12월 기준 자동차 등록 대수 2,437만 대, 친환경차 80만 대 돌파

드차를 포함한 전체 친환경차 중 1%만이 수소차일 뿐이다. 순수 전기차와 비교해도 1/16 수준으로 그 수가 매우 적다. 아직 시장에서는 매력적인 상품으로 받아들여지지 않고 있다는 뜻이다.

결정적인 이유는 인프라 차이다. 2021년 5월 기준, 국내 수소차 충전소는 총 109곳이다. 전기차 충전소가 7만여 곳과 비교하면 그 수가 0.15%에 불과하다. 특히 서울의 경우 4곳의 충전소가 있는데, 수소차 513대당 1곳일 정도로 열악하다.

당연하게도 인프라가 열악한 이유는 돈이 되지 않아서이다. 수소차 보급이 (전기차 등에 비해) 더딘 상황에서 수소차 충전소 설립에는 최소 30억 원이 필요하다. 또한 여기에 수소 구매 비용, 시설 유

---

* 〈인천일보〉, 2021, 수소충전소 창업…각종 당근책에도 반응 '싸늘'

지 비용을 고려하면 하루에 수소차 100대 이상이 충전하러 와야 한다. 민간 기업이 선뜻 수소 충전 산업에 뛰어들기 힘든 이유이다.

일각에서는 수소차를 결코 친환경이라고 부를 수 없다는 지적을 제기하기도 한다. 현재 시중에 유통되는 수소 중 대다수를 차지하는 것이 바로 그레이수소이다. 그레이수소를 생산하는 과정에서 필연적으로 이산화탄소가 배출될 수밖에 없는데 그레이수소 1톤당 10톤의 이산화탄소가 나오는 것으로 분석되고 있다.

현대차 등 각종 수소차 제조업체 등은 향후 이산화탄소 배출량이 극도로 적은 블루수소나 그린수소를 이용하겠다고 밝혔지만, 이렇게 되면 수소 생산 비용이 급증하는 문제가 발생할 수밖에 없다. 현재 수소의 가격은 1kg당 8,000원 정도인데 이를 그린수소로 전환할 경우 요금은 1만 5,000원으로 늘어날 것이란 예측이 나온다. 현재 수소차는 완충하면 6kg 가량의 수소가 들어간다.

수소차는 궁극의 해결책이 될 수 있을까? 불확실하긴 하지만 가능성은 무궁무진하다. 이 가능성을 현실로 만들기 위해서는 당면한 여러 문제들을 풀기 위한 각계의 노력이 필요하다.

---

* 〈한국일보〉, 2021, 현대차 수소선언, 환경단체가 비판하는 이유는?

수소의 종류

수소는 생산 방식에 따라 크게 '그레이', '블루', '그린' 등 세 종류로 분류할 수 있다. 그레이 수소의 경우 천연가스 등 화석연료를 이용해 수소를 만드는데, 이 과정에서 이산화탄소가 발생한다. 블루수소는 그레이수소와 생산 방식은 동일하지만, 이산화탄소를 배출하지 않고 저장하는 CSS기술을 사용해 이산화탄소 발생량을 최소화한다. 마지막으로 그린수소는 태양광, 풍력 등 신재생에너지를 통해 얻은 전기를 이용해 수소를 생산하는 방식이다. '궁극적인 친환경 수소'라고 불린다.

2021 수소 모빌리티+쇼 탐방기

2050년 탄소중립을 위한 행진이 시작됐다. 해가 갈수록 심각해지는 이상기후 현상과 환경오염 문제를 근본적으로 해결하기 위해 각국 정부와 기업들의 노력이 이어지고 있다. 선진국만이 온실가스 감축 의무를 부담하도록 한 기존 기후 체제인 교토의정서가 만료됐고, 2021년부터 파리기후변화협약이 발효됐다. 협약의 핵심은 지구 평균기온 상승이 산업화 이전 대비 섭씨 1.5도가 넘지 않도록 하는 것이다.

목표 달성을 위해서는 전 세계를 움직이는 주 에너지원을 화석연료 중심이 아닌 신재생 에너지와 친환경 에너지로 전환하는 것이 필수적이다. 친환경 에너지 사용의 필요성이 높아지면서 주목받고 있는 에너지원은 바로 수소이다. 수소는 온실가스를 저감시킬 뿐만

현대차가 공개한 자율주행 수소버스(좌)와 이동형 수소충전소(우)

출처: MBN

아니라 연간 약 2,800조 원 규모의 관련 시장을 창출 할 것으로 전 망된다.

고양 킨텍스 제2전시장에서는 세계 최초, 국내 최대 수소모빌리티 전문 전시회인 '2021 수소모빌리티+쇼'가 개최됐다. 보고대회 팀은 수소 산업의 미래와 현재를 체험하기 위해 현장을 방문했다.

2021년 2회째를 맞은 '2021 수소모빌리티+쇼'는 전 세계 12개국, 154개의 기업 및 기관이 참가해 수소가 탄소중립을 위한 가장 확실한 수단이라는 비전을 제시했다. 전시장은 수소모빌리티존, 수소충전인프라존, 수소에너지존과 인터내셔널존 등 4개의 테마관으로 구성됐다. 단연 돋보이는 것은 현대차그룹이었다.

현대차그룹은 오는 2040년을 수소에너지 대중화의 원년으로 삼겠다고 선언하는 등 국내 재계에서 수소 사업에 가장 공격적인 플

---

* Mckinsey & Company, 2017, Hydrogen meets digital

레이어로 꼽히고 있다. 현대차는 4,872㎡ 규모의 대규모 전시관을 무인 운송 시스템 콘셉트 모빌리티인 트레일러 드론을 포함해 재난 현장에 투입할 레스큐 드론, 이동형 수소충전소, H무빙스테이션 등 모든 종류의 수소 모빌리티로 가득 채웠다.

특히 수소연료전지와 전기 배터리를 혼합한 하이브리드 방식으로 작동하는 수소전기 트램이 사람들의 눈길을 끌었다. 15분 충전이면 최대 150km를 주행하는 이 트램은 2023년 울산에서 시범 운영 후 2027년까지 상용화될 예정이다. 미래 먹거리를 수소로 정한 현대차그룹의 비전을 상징했다.

포스코그룹도 쟁쟁했다. 포스코를 비롯해 포스코인터내셔널, 포스코건설, 포스코에너지, 포스코, 포항산업과학연구원(RIST) 등 총 6개 그룹사가 참여해 수소 사업의 밸류체인(Value Chain) 전반에 걸친 사업 계획을 선보였다.

포스코그룹은 국내 최초로 전통적 쇳물 생산 방식인 고로(용광로) 공법을 대체하는 신기술 수소환원제철의 원리와 이를 통해 구현되는 가상 제철소를 모형과 영상으로 시각화해 소개했다. 석탄 대신 수소를 환원제로 사용할 경우 기존 고로 공법과 달리 이산화탄소 배출 없이 철을 생산할 수 있게 된다. 포스코그룹은 지속적인 연구개발을 통해 수소환원제철공법을 상용화하고 2050년까지 탄소중립을 달성할 계획이다.

한국가스공사는 오는 2030년까지 창원, 광주 등에 수소 생산기지 25개소와 자체 수소 충전소 132개를 구축하고 안정적인 수소

유통과 거래를 위해 수소 유통 센터를 운영할 계획을 선보였다. SK E&S는 수소의 생산부터 유통, 소비에 이르는 친환경 수소 밸류체인 구축 전략을 공유했고 두산은 전기와 열, 수소를 동시에 생산하는 트라이젠(Tri-gen)과 발전·건물·주택용 연료전지, 수소드론 등 다양한 친환경 에너지 기술을 선보였다. 또한 영국, 호주, 네덜란드 등 각국 대사관이 참여해 자국 수소 산업을 소개하고 탄소 중립을 이루기 위해 국제 협력이 필요하다는 점을 강조했다.

아울러 국내 수소기업협의체 '코리아 H2 비즈니스 서밋(Korea Business Summit)'이 공식 출범했다. 코리아 H2 비즈니스 서밋은 기업 간 수소 협력을 위해 조성된 최고경영자 협의체로 현대차그룹, SK그룹, 포스코그룹, 두산그룹, 효성그룹, 코오롱그룹, 일진 등 15개 국내 주요 기업이 참여했다. 기후 변화에 따른 탄소 배출 규제가 강화되는 상황에서 기업들 간의 협의체를 통해 국내 수소 산업 생태계의 경쟁력을 높이고 수소 경제 활성화를 도모하는 것이 목적이다.

인류에게 수소가 에너지원이 된 것은 1960년대 무렵이다. 1969년 닐 암스트롱을 달에 데려다준 아폴로 11호의 연료 역시 액화수소였다. 인류의 꿈을 실현시켜준 꿈의 연료인 수소는 50여 년이 지난 지금 우리 산업의 주요 에너지원이 돼가고 있다. '2021 수소모빌리티+쇼'에서는 수소가 만들어가는 사회가 얼마나 빠르게 발전하고 있는지, 그로 인해 미래의 모빌리티가 어떻게 변화할지, 우리의 삶이 어떻게 변해갈지 다시 한번 확인할 수 있었다.

PART

4

이미 시작된
모빌리티 혁명

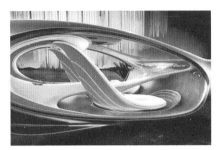

CES 2020에 등장한 운전대 없는 자동차
출처: 벤츠코리아

운전하는 재미는 주말 드라이빙 레인지에서나 느끼는 일종의
취미생활이 되지 않을까. 내연기관의 배기음이 사라져 가듯이
운전대도 없앨 준비 중이다. 앞으로 태어나는 세대는 운전대가
있는 차가 생소할지도 모른다.

18세기 중엽 제임스 와트의 증기기관은 그때까지의 산업구조를 확 바꿔버렸다. 농업과 수공업 사회는 대량 생산의 공업사회로 탈바꿈했다. 그때 사람들은 본인들이 혁명의 와중에 있었다고 생각했을까. 모빌리티 혁명도 마찬가지이다. 완전자율주행이 실현되면 이동하는 동안 일할 수 있고 휴식을 취하거나 영화를 즐길 수 있다. 하늘을 나는 자동차 UAM은, 거의 직선으로 날아가 이동시간을 획기적으로 단축한다. 기존의 이동수단과 공존하는 과도기를 거쳐 지상은 완전자율주행, 공중은 완전자율비행, 하이퍼루프가 일상으로 받아들여질 날이 머지않았다. 그때 후손들은 지금 우리가 사는 이 시기를 혁명이었다고 부를 것이다.

자율주행 레벨 5의
시대

현재 자율주행 기술은 레벨 0~5중 레벨 3에 근접해 있다. 레벨 3 이상으로 올리려면 교통사고가 나더라도 운전자가 책임을 지지 않아도 된다고 할 기술 수준이 필요하다. 아울러 관련 법규를 마련해야 하고 사회적인 공감대가 필요하다.

사전에만 남게 될 단어, 드라이브

옥스퍼드 사전을 펼치면 'drive'의 뜻 중의 하나는 'operate and control the direction and speed of a motor vehicle'이다. 자동차의 방향이나 속도를 작동하고 조절한다는 것인데, 언제인가는 '과거에 이런 뜻이 있었다'라는 설명이 붙지 않을까.

자율주행 레벨 3과 레벨 4를 가르는 기준은 사람의 개입 여부이다. 차량운행 주체가 사람에게서 시스템으로 완전히 넘어가야 4단

자율주행 기술의 6단계

단계	내용	수행주체		
		주행제어	변수감지	차량운행
Level 0 비자동화	운전자가 모든 것을 통제	인간	인간	인간
Level 1 운전자 지원	운전자가 직접 운전, 시스템 부분적 개입	인간·시스템	인간	인간
Level 2 부분 자동화	특정 상황에서 보조주행, 운전자 즉시 개입	시스템	인간	인간
Level 3 조건부 자동화	제한된 조건에서 자율주행, 운전자는 시스템 요청 시에만 개입	시스템	시스템	인간
Level 4 고도 자동화	특정 구간 완전자율주행, 운전자 개입 불필요	시스템	시스템	시스템
Level 5 완전 자동화	자동차가 모든 운전, 운전자 불필요	시스템	시스템	시스템

출처 : Society of Automotive Engineers International J3018

계이다. 4단계와 5단계의 차이는 운전석이 있느냐 없느냐이다. 5단계는 운전석이 필요 없고 언제 어디를 가든 사람은 아무 신경도 쓸 필요가 없다.

1980년대 미국 드라마 〈전격 Z작전〉에서는 "키트, 이리 와"라는 한마디에 자동차 키트가 달려오고 운전도 키트가 알아서 한다. 드라마 방영 당시에는 꿈만 같은 일이었다.

'키트, 이리 와'라는 말은 언제 현실이 될까. 이게 계속 미뤄지고 있다. 완전자율주행 고지에 도달하려면 무엇이 필요할까. 2016년 '이세돌 9단 대 알파고' 세기의 대결로 돌아가 보자. 당시 대국을 지켜본 사람들은 AI가 인간의 능력을 곧 뛰어넘지 않을까 모종의 두

려움까지 느꼈다.

완전자율주행은 얘기가 많이 달라진다. 시스템이 통제해야 할 변수가 셀 수도 없이 많다. 테슬라가 AI한테 빅데이터를 끊임없이 학습시키는 것은 이런 이유이다. 한지형 오토노머스에이투지 대표는 "바둑판에서 보여 준 AI의 모습과 자율주행에서의 기술은 원천 기술이 비슷할 수 있지만 많이 다르다"라고 말한다. 바둑판의 경우의 수는 가로, 세로 19칸이므로 361!(팩토리얼)이다. 숫자로 표현하면 $1.4*10^768$이다. 반면 자율주행에서 주변을 인지하고 판단하는 기술은 그 경우의 수가 무한대나 마찬가지이다.

이걸 알아야

완전자율주행의 윤리적 딜레마

무단횡단하는 보행자 무리와 또 다른 1명이 갑자기 길에 나타났다. 두 경우를 다 피할 수 없다면 완전자율주행 차량은 어떤 선택을 할까. 또 다른 예를 들어보자. 반대 차선에서 승객이 가득 찬 버스가 느닷없이 중앙선을 넘어왔다. 이 차량을 피하자니 내 차는 낭떠러지로 굴러떨어진다. 완전자율주행 시스템은 버스를 피할까 아니면 낭떠러지로 방향을 틀까.

완전자율주행의 핵심 기술은 인지와 판단, 제어가 핵심이다. 사람과 다를 바 없다. 핵심 기술의 첫 단계는 인지로 레이더와 카메라, 라이다를 인지를 위한 핵심적인 인식센서로 본다.

라이다는 무엇

라이다는 'Light'와 'Radar'의 합성어이다. 레이더처럼 전파를 쏘는 것이 아니라 레이저를 발사해 주변을 인식하는 장치이다.

자율주행 핵심 기술

핵심 기술	정의
인지	레이더, 카메라 등의 인식 센서로 정적·동적 장애물 인지, 도로 표식 인지, GPS와 INS(Inertial Navigation System. 관성항법장치) 등으로 자율주행차량의 절대적·상대적 위치 추적
판단	목적지 이동 계획 수립, 인지된 상황을 기반으로 상황 판단
제어	상황 판단을 기반으로 돌발 상황 대처, 조향, 속도, 기어 제어
네트워크	차량 간, 인프라, 사람과의 네트워킹을 통한 주행 정보 및 위치 정보 교환

출처: 한국전자통신연구원, 2013, 자율주행 자동차 기술 동향

카메라는 차선을 인식하고 주변 사물의 형태와 색상을 파악한다. 레이더는 전파를 쏘고 반사돼 돌아오는 정보를 받는다. 기상 상황에 따른 영향이 비교적 적은 편이다. 움직이는 물체와의 상대적 거리 측정에 적합하다. 반면 좌우의 구별이 어렵다는 단점이 있고 아직은 2차원으로 정보를 구현한다. 이 때문에 자동차 업계에서는 좌우에 레이더를 단다. 라이다는 레이저를 쏘고 빛 반사를 통해 3차원으로 주변 상황을 인식한다.

문제는 인식센서가 주변 상황을 100% 감지해낼 수 없다는 점이다. 건설기술연구원 도로교통연구본부는 자율주행차를 여러 기상 상황을 가정해 시험운행하고 있다. 경기도 연천에 있는 인공강우가 가능한 실험실에서 장대비나 눈이 올 때, 안개가 낄 때 등 다양한 상황에서 실험이 이뤄진다.

현재 개발된 자율주행차의 인식 센서만으로는 한계가 있다는 것이 연구원의 결론이다. 자율주행차 시험을 담당하는 김형수 연구위원은 "현재 자율주행차는 기상이 변하면 운전자가 운전대를 잡아야 하는 상황이 온다"라고 밝혔다. 미세먼지가 심하거나 비나 눈이 심하게 오면 운전자가 개입해야 한다는 것이다. 특히 악천후에서 인식 센서의 한계를 전 세계에서 해결한 곳이 한 곳도 없다고 한다. 카메라는 영상을 제대로 잡기 어렵고, 레이저와 라이다 역시 악천후에서는 수신율이 떨어진다. 비가 오는 상황에 따라 어느 정도까지 인식 센서의 기능이 떨어지는지 실험 결과 인식 센서 성능이 절반까지 떨어지는 것으로 나타났다.

건설기술연구원의 기상재현 실험

출처: 한국건설기술연구원

정보를 얼마나 빠르게 처리하느냐도 중요하다. 최근 기술은 단일 단계 검출법과 두 단계 검출법으로 좁혀지고 있다. 단일 단계 검출은 속도는 빠르지만 정확도가 조금 떨어진다. 모든 영역에 대한 위치 검출과 분류를 동시에 수행하기 때문이다. 두 단계 검출은 먼저 대략적인 위치 검출을 수행하고 선출된 후보군에서 분류한다. 순차적으로 검출해 정확도는 앞서지만 속도가 느리다.

커넥티드, 동물 빼고 다 연결한다

자율주행차가 레벨 3 이상으로 진입하려면 커넥티드가 필수이다. 차량이 자체 센서로 인식하는 정보만으로 완전자율주행에 도달

---

* 임현국, 2021, 자율주행 차량 영상 기반 객체 인식 인공지능 기술 현황, 한국정보통신학회논문지 Vol.25 No.8

하기 어렵다. 커넥티드는 V2X_{Vehicle to X}로 바꿔 말할 수 있다. X는 미지수이다. 그러니까 V2X는 차량과 모든 것을 연결한다는 뜻이다.

V2X는 어디까지 볼 수 있을까. 통신이 닿는 곳까지는 무한대이다. 내 차 3km 앞에서 사고가 났다면 사고 정보는 V2I_{Vehicle to Infrastructure}를 통해 내 차에 들어온다. 이렇게 되면 꽉 막힌 도로에서 앰뷸런스에 미리 길을 터주는 것은 일도 아니다.

한국은 차세대 지능형 교통체계, C-ITS_{Cooperative Intelligent Transport System}를 시범사업 중이다. C-ITS는 교통, 전자, 통신 등 첨단기술을 교통체계에 적용한 시스템이다. 실시간 교통정보를 수집하고 분석, 제공함으로써 이용자가 교통시설을 안전하고 효율적으로 이용할 수 있도록 돕고, 에너지 절감을 통해 환경친화적인 교통체계를 구현한다.

C-ITS의 사례를 보자. 건설기술연구원에서는 차가 다니는 도중 골목에서 도로로 튀어나오는 아이를 인프라가 보고 차량에 정보를 전달하는 등 인프라를 이용해 사고를 줄이는 기술을 개발 중이다. 앞차 때문에 시야가 가린 뒤차에 정보를 보냈더니 브레이크를 밟기까지 걸린 시간은 0.5초에서 1초 미만이었다. 실험을 진행한 김형수 건설기술연구원 연구위원은 영상 센서가 튀어나오는 사람을 바로

여길 비추세요

C-ITS가 제공하는
서비스

여길 비추세요

C-ITS는 어떻게
돌아가나

인프라 센서
출처: 건설기술연구원

구분해내는 것이 중요하다고 설명했다.

영상 센서로 진행한 실험이었고, 자율주행차는 곧바로 브레이크를 작동했다. 보통 시속 50km로 갈 때, 1초에 14m를 이동한다. 사람이 운전할 경우 운동신경이 꽤 괜찮은 편이어야 아이가 나오는 걸 보고 브레이크를 밟기 전까지 1초가 걸리는데, 이보다 더 빨리 반응했다. 노인 등 운동신경이 떨어지는 경우에는 2초 이상 걸리고, 신호 설계는 보통 2.5초를 기준으로 한다.

V2X 통신 기술별 특징

통신기술		속도	신뢰도	지연속도	이동속도	위치 오차	커버리지
DSRC / WAVE		54Mbps	보통	〈100ms	최대 200km/h	〈50m	250~350m
LTE V2X		100Mbps	높음	〈100ms	최대 160km/h	〈50m	매우 넓음
5G eV2X	eMBB	20Gbps	높음	보통	최대 500km/h	〈0.1m	넓음
	URLLC	100Mbps	높음	〈100ms			
	mMTC	54Mbps	보통	〈100ms			

출처: 키움증권 리서치센터, 2021, IoT 알지만 모르는 기회(장민준) 재인용

이 시점에서 우리는 질문을 던질 수 있다. 당장 V2X의 인프라를 구축하면 되지 않느냐는 것이다. 하지만 여기에서도 어떤 통신 방식이 최적인지를 놓고 표준화 경쟁이 치열하다. WAVE(Wireless Access in Vehicular Environment) 방식과 LTE나 5G 등 이동통신을 기반으로 한 C-V2X 방식의 격돌이다.

미국연방통신위원회(FCC)는 지능형교통시스템 구축의 일환으로 1999년 웨이브 방식의 주파수를 할당했다. 고속도로 요금징수 시스템은 대부분 이 웨이브 방식으로 돌아간다.

그런데 미국에서 웨이브 주파수는 20년 동안 제대로 쓰인 적이 없다. 계속 연구만 한 셈이다. 결국 FCC는 주파수를 상업적으로 쓰라고 풀었다. 중국은 C-V2X를 밀고 있다. C-V2X는 5G 환경에서 많은 데이터를 빠르게 양방향으로 전송할 수 있다는 장점이 있다. 미국에서도 퀄컴을 비롯한 C-V2X 진영이 웨이브 방식을 흔들고

와이브로의 추억

와이브로는 SK텔레콤과 KT가 개발해 2006년부터 서비스를 시작한 3.5세대 이동통신서비스이다. 휴대형 무선단말기를 통해 시속 60km 이상으로 이동 중에도 무선인터넷이 가능했다. 하지만 더 저렴한 비용으로 이용이 가능한 4세대 이동통신서비스 LTE가 등장하면서 이용자 수가 급감했고 2018년 결국 서비스를 전면 중단했다.

있다.

문제는 아직 5G로 V2X 통신을 실현하기 위한 준비가 덜 됐다는 점이다. 5G로 인프라를 깔려면 그에 맞는 통신 칩이 있어야 하는데, 이게 아직 나오지 않았다. 5G로 인프라를 깔려면 앞으로 3~4년은 지나야 통신이 가능한 칩이 나오고 서비스를 할 수 있을 것으로 보인다.

앞서 언급했듯 C-V2X의 장점은 일대일 통신이다. 차량과 인프라가 일대일 통신을 하면 맞춤형 서비스를 제공할 수 있다. 웨이브와 차별화할 가장 큰 무기인 일대일 통신에 통신사업자들은 군침이당긴다. 노다지 광산이나 마찬가지이다. 그런데 4G망을 5G로 교체하려면 비용이 천문학적으로 든다.

김형수 건설기술연구원 연구위원은 결국은 C-V2X로 가겠지만, 그전까지는 웨이브와 C-V2X를 혼용할 수 있다고 본다. 국내에서 도 아직 표준을 정하지 못했다. 웨이브는 여러 차량에 정보를 보낼 수 있으니 재난을 알리는 재난망처럼 공공의 안전 측면에서 유리한 도구이다. 웨이브 진영은 웨이브2를 준비 중이다.

우리나라는 웨이브 방식과 C-V2X를 두고 고민 중이다. 부처 간 에도 이견이 나온다. 국토교통부는 웨이브를, 과학기술정보통신부 는 C-V2X를 주장한다. 어떤 방식이든 표준을 정해야 개발하는 업 체에서는 헛고생을 줄일 수 있다. 범정부 차원의 교통정리가 필요 한 부분이다.

완전자율주행의 완성에는 정밀지도가 빠질 수 없다. 지도 제작 방식은 항공사진에서 모바일 메이킹 시스템으로 바뀌 었다. 자동차 지붕 위에 라이다 장비를 달고 주행하면서 도로 정보 를 얻는다. 라이다가 3차원으로 구현하는 데이터는 점이 쭉 찍히는 방식이다.

국내에서는 국토지리정보원이 2015년 처음 정밀 도로지도를 만 들었다. 정밀 도로지도의 오차 범위는 25cm 이내로 국가 규격이 나 와 있다. 근거는 도로 폭과 차량 폭이다. 도로가 제일 좁은 경우 3m 로 규정했고, 차량 중폭이 가장 넓은 2.5m를 적용하면 50cm의 여 유가 남는다. 좌우 25cm씩 여유를 두면 안전하다는 논리이다.

내비게이션으로 운전할 때 느꼈겠지만 GPS는 정밀도가 떨어진다. 정밀 도로지도는 자율주행차가 제대로 가고 있는지 좀 더 적확하게 확인할 수 있게 돕는다. 정밀 도로지도의 최대 약점은 실시간 상황을 반영하지 않는다는 점으로 현재의 시스템으로는 실시간 업데이트가 어렵다.

4,000조 원 시장을 잡아라

2021년 글로벌 시장조사 기관인 스태티스타   는 자율주행차 시장 규모가 2023년 372억 달러가 될 것이라고 예상했다. 우리 돈으로 40조 원이 넘는다. 골드만삭스는 자율주행 기술로 교통사고와 교통 혼잡이 줄어 생산성이 증가한다는 사회경제적 파급 효과를 계산했다. 무려 3조 5,000억 달러로 한화 4,000조 원에 달한다.

자율주행차 기술은 4강을 형성하고 있다. 구글 웨이모   가 선두를 달리고 있고, 엔비디아   , 아르고 AI   , 바이두   가 바짝 뒤쫓고 있다. 웨이모는 구글의 모기업 알파벳의 자율주행 관련 핵심 계열사이다. 웨이모의 기술력 뒤엔 자율주행차의 아버지라고 불리는 세바스찬 스런의 존재감이 크다. 세바스찬 스런은 자율주행차의 목표를 인간 중심의 모빌리티로 밝히기도 했다.

"미국에서는 매년 평균 3만 5,000명이 넘는 사람이 인간이 모는 자동차에 목숨을 잃는다. 전 세계적으로는 100만 명이 넘는다. 모든 교통사고의 90%는 전방주시 태만, 판단력 실수 등에 의해 일어난다고 집계된다. 미래에는 자율주행차가 수많은 생명을 살릴 것이며 우리는 결과적으로 더 안전한 세상에 살게 될 것이다."

스런은 독일 출신으로 고등학교 때 교통사고로 친구를 잃었다. 이후 인간의 실수를 없앤 안전한 자율주행차를 만들겠다고 목표를 세웠다. 스런은 하늘을 나는 자동차도 언급했다. 당시 스런은 에어택시를 개발하는 키티호크 코퍼레이션   의 최고경영인이기도 했다.

"나는 미래를 이렇게 상상한다. 차량에 오른 뒤 하늘을 날고, 조금도 돌아가는 길 없이 목적지로 곧바로 횡 날아가는 것이다. 고속도로 위에 교통 체증으로 갇혀 있는 미래는 피하고 싶다. 내 꿈은 아마존이 주문한 지 5분 안에 내 음식을 공중에서 배달해주는 것이다. 하늘은 막힘없이 자유롭고 땅보다 광대하다. 이는 반드시 현실이 돼야 한다."

스런은 2012년 온라인 공개강좌 사이트 유다시티를 공동 설립했다. 2016년 유다시티는 자율주행차 공학 교육 프로그램을 처음 시작했다. 이후 120개국에서 2만 명이 넘는 학생들이 이 프로그램에 등록했다. 졸업생들은 아우디, BMW, 보쉬, 리프트, 엔비디아, 메르세데스벤츠 등에서 일자리를 얻었다. 이들 회사는 현재 직원들의 능력 향상을 위해 유다시티와 직접 협업하고 있다. 자율주행차 공학 나노디그리 프로그램을 통해 학생들은 온라인과 오프라인에서 자신들의 기술을 테스트해보고 있다. 실리콘밸리에 있는 자

---

* 〈UPI뉴스〉, 2019, [단독 인터뷰] '자율주행차의 아버지' 세바스찬 스런, "인간의 운전은 윤리적인지 묻는 때가 온다"

율주행차 테스트 공간도 여기에 포함된다.

그렇다고 자율주행차 개발에 레드카펫만 깔린 것은 아니다. 2020년 자율주행 택시 상용화 일정이 늦어지면서 발생하는 적자를 책임질 사람이 필요했고 2021년 초 웨이모 최고경영자인 존 크래프칙이 사임했다. 2015년 구글에 합류한 크래프칙은 자율주행산업협회를 설립할 정도로 이 분야의 주도적인 인물이다.

이 밖에도 바이두는 중국의 대표적인 IT 기업으로 2017년 4월 자율주행을 위한 오픈소스 플랫폼을 개발하는 아폴로 프로젝트를 발표했다. 이 프로젝트에는 70여 개 파트너가 참여했고, 미국의 자율주행과 AI 선도기업인 엔비디아도 함께한다.

자율주행차를
안심하고 타기 위한 요건

정구민 국민대 전자공학부 교수

2010년 구글이 자율주행차를 선보인 이
후로 자율주행 기술은 크게 발전하고 있다.
2015년 테슬라가 자율주행차를 상용화한
이후 현대와 닛산 등이 고속도로 한 차선 수
준의 자율주행 기술을 상용화했고, 벤츠도
2017년에 자율주행 기술을 탑재한 차를 출
시했다. 2020년 구글은 운전자 없는 자율주

정구민 교수

행 서비스를 시작했고, 테슬라는 고속도로뿐 아니라 도심 주행도
가능한 자율주행 기술을 선보였다. 2021년에는 혼다와 벤츠가 각각
시속 50km, 60km 이하를 책임지는 자율주행 레벨 3 기술을 상용
화했다. 2022년에는 현대차와 볼보가 레벨 3 기술을 상용화할 것으
로 보인다.

다만 자율주행차가 넘어야 할 산은 아직 많다. 2018년 우버의 자율주행차와 충돌한 보행자가 사망한 사고가 있었다. 이후 자율주행 시험은 어떤 상황에서도 자율주행 성능을 유지하기 위한 다양한 노력으로 이어졌다.

밤이든 악천후이든

자율주행 초기에는 우천 상황에 대한 AI 학습이 되지 않은 라이다 기반 자율주행 차량이 가랑비에도 오류를 일으키는 경우가 많았다. 현재 가랑비 수준은 라이다 센서 데이터의 딥 러닝Deep Learning을 통해 어느 정도 해결할 수 있다. 눈비가 오는 상황을 극복하려면 레이더 센서와 통신을 통한 인프라 시스템이 중요한 역할을 할 수 있다.

특히 4D 이미징 레이더 센서는 악천후 상황에서 중요한 역할을 하게 될 것으로 보인다. 통신과 인프라의 지원은 악천후 시의 정밀 측위, 사각지대 정보 제공 등의 측면에서 중요할 것이다. 통신과 인프라는 차량에 가려진 보행자, 교차로에서 갑자기 튀어나오는 차량 등 사각지대 정보를 지원한다. 통신·인프라 기반의 자율주행은 원격 주행이나 원격 자율주행 측면에서도 핵심이 될 것으로 보인다.

다만 통신·인프라 기반의 자율주행을 위해서는 운영상의 문제점들을 고려해야 한다. 몇 년 전 모 이동통신사의 기지국 화재 사건처럼 통신·인프라 기반의 자율주행은 통신 시스템 자체의 안전성과 보안에 대한 고려도 중요하다.

주위 차량의 움직임 예측을 통해 옆 차가 끼어들거나 내 차선 쪽으로 붙어 달리는 상황 등에 적절히 대응하는 기술이 필요하다. 현대차는 2022년 G90에 라이다 센서 2대를 적용한다고 밝힌 바 있다. 다른 차량이 끼어드는 것을 빨리 인지해 안정적으로 자율주행을 구현하는 것을 목표로 하고 있다.

테슬라는 2021년 'AI Day'에서 주변 차량과 보행자의 움직임을 예측하는 기술을 발표했다. 차량에 가려진 보행자의 움직임을 예측하는 등 3D 환경에서의 AI 기반 움직임 예측 기술이 도심에서의 안정적인 자율주행에 중요할 것으로 전망했다.

복잡한 도심에서도

복잡한 도심을 효과적으로 모델링하고 주행하기 위한 기술이 중요해지고 있다. 여러 자율주행 사고에서는 갓길에 주차된 차량, 넘어진 트럭, 공사현장 등을 제대로 인지하지 못한 경우가 있었다. 이외에 교각을 인지하지 못하는 경우, 주차된 차량으로 돌진하는 경우, 좌회전 시 차선을 인지하지 못해서 마주 오는 차량에 부딪힐 뻔한 경우 등이 있었다.

2018 우버 자율주행 사고에서 구글은 시뮬레이터의 중요성을 강조했다. 사고 상황은 실제 도로에서는 매우 드물기 때문에 시뮬레이터에서 사고 상황을 여러 번 학습시켜서 사고를 줄여야 한다는 의견이다. 공사 상황, 사고 상황 등을 정밀지도에서 효과적으로 반

영하기 위한 노력도 필요한 상황이다. LDM_{Local Dynamic Map}은 이러한 개념을 나타내는 용어로 실시간으로 정보를 업데이트하는 것이 중요해지고 있다.

AI로 보다 정교하게

AI의 도움도 절실하다. 현재 센서 시스템의 고도화와 AI 시스템의 발전이 맞물려야 하는 상황이다. 센서 인식을 위한 딥러닝_{Deep learning}의 적용이 많아지는 동시에 기존 Rule-based AI로 구현된 주행 알고리즘이 딥 러닝 기반으로 바뀌게 될지도 모르는 중요한 이슈이다. 성능 향상 측면에서는 딥러닝이 좋을 수 있지만, 사고 원인 분석과 보완을 위해서는 Rule-Based AI가 더 나을 수 있기 때문이다.

테슬라의 경우 5대의 카메라 데이터 정보를 딥러닝 네트워크에 넣어서 버드 아이 뷰_{bird's eye view}(위에서 보는 형태의 지도)를 얻어내고 있다. 이 딥러닝에는 테슬라가 직접 만든 AI 칩이 적용되며 HW3.0에서는 초당 144조 회 연산을 수행하도록 하고 있다.

차량용 AI 하드웨어 측면에선 엔비디아가 볼보와 함께 2022년 오린 플랫폼을 상용화할 예정이다. 오린 플랫폼은 254 TOPS의 연산량을 가진다. 오린 플랫폼은 엔비디아의 최초 상용 플랫폼으로 중요한 의미를 가질 것으로 예상된다.

자율주행차의
눈높이에 맞추자

카네비컴 연구진

라이다 국산화에 매진하는 카네비컴을 방문해 연구진에게 필요한 개발 환경을 물었다. 카네비컴은 2020년 문재인 대통령이 방문했던 업체다.

도로 인프라부터

"완전자율주행 단계까지 가려면 사람들의 인식과 인프라가 뒷받침해야 한다. 고속도로에서 비가 오면 레벨 2 차량이 차선을 인식하지 못하는 경우가 발생하는데, 차선의 도색부터 바꿔야 한다. 중앙분리대도 차량이 인식할 수 있도록 표준이 있어야 한다. 자율주행은 차만 하이테크놀로지로 꾸며놓으면 되는 것이 아니다. 시골길도 달릴 수 있어야 한다. 자율주행에 맞게끔 인프라가 있어야 안전하게 자율주행을 할 수 있다.

1. 라이다 전용 생산 라인. 2. 문재인 대통령 방문. 3. 카네비컴 사옥

출처: 카네비컴

　자율주행차는 자동차랑 모양만 비슷하지 완전히 다른 개념이다. 운전자가 없는 차가 달릴 도로가 필요한 것이다. 도로에서도 사고가 자주 나는 구간이 있다. 자율주행 역시 인프라가 갖춰졌느냐에 따라 사고가 많이 날 수 있고, 안 날 수도 있다.

　안전을 위해 무작위성에 대응하는 능력을 키워야 하는데, 도로 위의 무작위성에 사람이 아니라 기계가 대처하도록 한다는 것이 쉽지 않다. 변수가 생길 때, 변수를 통제할 수 있다면 안전하게 자율주행이 가능하다고도 볼 수 있다. 이걸 개선하자는 것이 스마트시티 Smart City 이다. 스마트시티가 뒷받침해야 연구 데이터를 더 빠르게 많이 축적할 수 있다.

눈높이를 맞추자

기술 개발에 대한 눈높이도 현실에 맞춰야 한다. 인식 센서의 정보량은 메모리와 CPU의 용량과도 직결된다. 요구하는 스펙이 높아지면 라이다의 가격도 비싸질 수밖에 없다. 정부와 학계가 기업과 머리를 맞대고 적정한 스펙을 찾아야 한다.

국산화가 필요한 이유

핵심 부품 가격을 낮춰야 경쟁력을 확보하고 자율주행차 보급률을 높일 수 있다. 카네비컴은 산업용 로봇에 들어갈 라이다를 10만 원대로 낮추고자 한다. 현재 80만 원 정도의 가격이었던 라이다

여길 비추세요

자율협력주행의 핵심 기술 라이다와 V2X

를 카네비컴은 30만 원대로 만들었다. 산업용 로봇에는 라이다가 2개 정도, 차에는 8개 정도 들어갈 것으로 본다. 라이다의 국산화율은 95% 이상이다. 국산화율이 높아질수록 가격은 더 떨어질 것으로 예측된다. 다만 센서에 들어갈 일부 부품은 기반 산업이 미비해 해외에서 조달하는 경우도 있다.

완전자율주행차가 100% 현실화한 미래에는 상상할 수 없었던 일들이 일어나기 시작할 것이다. 자동차를 소유하는 것이 거추장스러울지 모른다. 공유차를 언제든지 쓸 수 있는데, 굳이 비싼 완전자율주행차를 사야 할 이유가 없다고 생각할 수도 있다. 벌써 클래식카에 투자하는 투자자도 생기고 있다. 공유차가 대중교통을 대체하면 역세권 아파트의 콧대가 좀 낮아질까.

폭스바겐은 2021년 뮌헨에서 열린 국제오토쇼 전야제에서 2025년 독일에서 로보택시 사업을 시작하겠다고 선언했다. 로보택시는 자율주행 택시를 말한다. 헤르베르트 디스 폭스바겐 최고경영자는 "자율주행만큼 자동차 업계를 바꿀 것은 없다"라고 말했다. 폭스바겐은 2030년까지 폭스바겐 사업의 85%는 자가용과 개인 소유의 공유 렌터카가 되고, 15%는 차량 서비스를 위한 셔틀이 될 것이라고 전망했다.

폭스바겐그룹은 2019년 6억 달러를 투자해 자율주행 스타트업 아르고 AI를 인수했다. 아르고 AI는 장거리 라이다 센서 기술이 뛰어난 기업으로 정평이 났다. 폭스바겐의 로보택시는 레벨 4 수준으로 예상되고 있고 100여 대를 투입할 예정이다. GM은 2022년부터 샌프란시스코에서 로보택시를 운영한다. 샌프란시스코라는 곳이 갖는 상징성을 고려할 때 GM 로보택시의 성패는 전 지구적인 관심을 보일 것으로 보인다.

1900년도 초만 해도 미국에서 소비되는 차량 가운데 80% 가까이는 전기자동차와 증기자동차였다. 내연기관 자동차는 20%에 불과했다. 당시 전기자동차는 충전의 번거로움과 비용 문제로 도태되었다. 완전자율주행차 역시 가격 경쟁력은 필수이다. 개인이 자율주행차를 사려면 가격이 꽤 비쌀 수밖에 없다. 그런데 공유차를 쓴다면 이용 단가가 낮아질 수 있다.

대중교통의 가장 큰 문제는 불편함이다. 지하철이 근접한 지역은 집값이 비싸다. 지하철을 타고 환승할 때 많은 거리를 걸어야 한다. 콩나물시루 같은 지하철에서 시달리고 나면 출근길만으로도 지친다. 차가 막혀도 굳이 자가용을 끌고 나오는 것은 막히는 길에서 시간을 보내더라도 그 불편함을 감수하기 싫어서이다. 게다가 내가 필요한 때면 언제든 원하는 목적지로 갈 수 있다.

공유차는 호출하면 그 즉시 온다. 완전자율주행 시대에 도로가 막히는 일은 좀처럼 볼 수 없다. 자가용처럼 즉시성과 편의성을 갖췄고, 대중교통처럼 정확한 시간에, 대도시에서라면 비교적 빠르게 목적지에 도착할 수 있다. 공유차가 대세가 될 수밖에 없는 이유이다.

하루 24시간 중 자가용을 실제 주행하는 시간은 불과 5% 남짓이다. 현재 공유차 서비스는 운전자 인건비가 절반가량이다. 완전자율주행차는 인건비를 절감할 수 있다. 완전자율주행차의 장점은 사고에 대한 책임이 차에 있다는 점이다. 우리는 렌터카를 빌리기 전에 혹시나 모를 분쟁에 대비해 흠집은 없는지 업체 측과 점검한다. 완전자율주행차는 그런 과정이 필요 없을지도 모른다. 우버와 리프트, 디디추싱   같은 공유차 업체는 완전자율주행차 시대에 완성

차 업체의 최대 고객이 될 것이다.[*]

숫자로 보자. 싱가포르에서 진행한 연구에 따르면 현재 운행 차량의 3분의 1만 자율주행차로 바뀌어도 기존 통행량을 모두 소화한다. OECD의 ITF Internationel transport forum 에서는 포르투갈 리스본을 대상으로 분석한 결과, 등록차량 20만 3,000대 가운데 10.4~12.8%만 공유 자율주행차로 대체하면 이전과 동일한 교통 서비스를 누릴 수 있다고 봤다.

미국 컬럼비아대 지구과학연구소는 공유 자율주행차를 사용할 때 교통비를 연구했다. 현재 맨해튼의 택시 요금이 1마일당 4달러 정도인데, 공유 자율주행 택시는 50센트 정도면 이용할 수 있다고 결론을 내렸다. 외곽 중소도시 앤아버 주민들은 1마일당 46센트 정도로 이용할 수 있다고 봤다.

주차 공간도 줄어든다. 자동차가 차지하는 주차 공간은 대략 9.3 m^2, 통로까지 포함하면 40 m^2다. 국내 자동차 보유대수는 2019년 2,368만 대로 단순 계산하면 947.2 km^2다. 서울시 면적은 605.24 km^2로 서울시보다 더 넓은 면적이 주차장으로 쓰이는 셈이다. ITF가 리스본에서 진행한 연구에서 주차장 감소는 93%로 봤다.[**]

공유차는 교통 약자에게 단비와 같다. 국내에서 65세 고령 운전자가 일으키는 교통사고는 한 해 3만 건이 넘는다. 이에 고령 운전

---

* 변완희, 2021, 퓨처라마 모빌리티 혁명의 미래

** 변완희, 2021, 퓨처라마 모빌리티 혁명의 미래

자 교통사고를 줄이기 위해 정부는 운전면허증 자진 반납 제도를 시행 중이다. 면허증을 반납하면 10만 원권 교통카드를 준다. 은퇴 후 이동 수요는 늘어나지만 이동에 불편을 겪던 고령자에게 공유차는 안전과 편의성 모두를 충족시킨다. 2048년 국내 65세 이상 고령자는 1,900만 명까지 늘어날 것으로 본다.

장애인 역시 마찬가지다. 국내 장애인은 250만 명으로 추산되는데, 자가용이 아니면 이동하기가 쉽지 않다. 대중교통을 이용할 때 지하철에서 리프트 하나 타려고 해도 도움을 받아야 할 일이 종종 생긴다. 장애인 가구 가운데 차량 보유는 절반 수준이고 그나마 직접 운전할 수 있는 장애인은 절반에도 못 미친다. 이에 운전할 필요가 없고 장애에 따라 맞춤형으로 제작한 공유차는 장애인의 이동권을 보장할 수 있다.

공유차는 단순히 이동서비스를 제공하는 데 그치지는 않을 것으로 보인다. 완전자율주행차 시대에 다양한 서비스 산업은 공유차와의 접목을 시도할 것이다. 이동 중 영화를 볼 수 있고 편안하게 식사를 할 수도 있다. 호텔업계도 공유차에 자신들의 서비스를 접목하려 들 것이다. 의료계도 손 놓고 있을 때가 아니다. 한국에서 원격의료는 언제 시행될지 미지수지만 공유차가 움직이는 진료실이 되면 엄청난 수요를 창출할 수 있다.

공유차는 투자 대상이 될 수 있다. 자신의 완전자율주행차를 공유차 업체에 임대하고 운용수익을 나누는 식이다. 공유차를 자주 쓰는 사람이라면 정기권과 같은 상품이 있으면 편리할 것이다.

우리나라 교통약자의 현실

국토교통부의 2021년 발표에 따르면 전년도 65세 이상 고령자와 장애인, 임산부, 어린이 등 교통 약자는 전체 인구 5,183만 명의 29.7%인 1,540만 명이었다. 이 가운데 고령자가 813만 명이다. 지역 내 외출 빈도는 교통 약자의 경우 3~4회가 37.7%로 가장 많았고, 비교통 약자는 5~6회가 44.7%로 가장 많은 비중을 차지했다. 한국은 2017년 고령사회(65세 이상 인구 비율이 14% 이상)에 진입했고 2026년에는 초고령사회(20%)에 진입할 전망이다.

위와 같은 상상력은 서비스형 모빌리티, MaaS(Mobility as a Service)와 만나 현실화된다. MaaS는 개인이 소유한 교통수단과 공공으로 운행되는 모든 교통수단을 하나로 묶어 편의성과 효율성을 제공하는 서비스이다. 교통이 구독경제의 개념으로 들어오는 것이다. MaaS는 예약, 결제 등의 서비스가 하나의 플랫폼 안에서 가능해진다. 퍼스트마일(First Mile)과 라스트마일(Last Mile)은 공유자전거, 공유킥보드와 같은 공유형 교통수단이 주종을 이룬다.

퍼스트마일과 라스트마일

먼저 집에서 승용차를 몰고 근처 지하철 환승센터에 세운 뒤, 다시 지하철을 타고 직장 근처로 간 뒤, 도보로 이동할 경우를 생각해보자. 집에서 집 근처 지하철역이 퍼스트마일이고 직장 근처 지하철역에서 직장까지가 라스트마일이다. 전기로 치면 아파트 변압기에서 우리 집까지가 라스트마일이고, 택배로 치면 동네 택배 대리점에서 우리 집까지가 라스트마일이다.

라스트마일

MaaS는 편리한 결제가 중요하다. 여러 교통수단에 대한 요금을 하나의 결제수단으로 한 번에 결제할 수 있도록 하는 서비스를 제공해야 편리성을 보장한다. 그렇다면 MaaS의 유력 플레이어는 누가 될 것인가. 국내에서 가장 먼저 서비스에 나선 곳은 카카오모빌

리티이다. 2020년 12월 카카오모빌리티는 자율주행 솔루션 개발 기업 오토노머스에이투지와 함께 세종시 정부청사 인근 실제 도로에서 국내 첫 플랫폼 기반 유상 자율주행 서비스를 시작했다.

세종시 자율주행 서비스는 승객이 필요할 때 직접 플랫폼으로 자율주행 차량을 호출하거나 예약해서 이동할 수 있는 수요응답형 자율주행 서비스이다. 요금 결제까지 카카오T 플랫폼에서 한다. 서비스 출시 당시 정부청사 인근 4km 구간 3개 승하차 지점, 국립세종도서관과 산업통상자원부 정문, 국토교통부 후문에서

여길 비추세요

국토교통부
자율주행 서비스
체험

서비스를 시작했다. 이후 이용자 호응과 서비스 안정화에 따라 운행구간에 세종시청과 조세재정연구원을 추가해 5개 승하차 지점으로 확대했다.

카카오모빌리티가 준비하는 자율주행 관련 서비스 중에는 군집주행 연구가 흥미롭다. 군집주행은 대형 화물차 여러 대가 무리를 지어 자율협력주행으로 이동하는 기술이다. 운전을 담당하는 선두 차량 외에 다른 운전자는 아무것도 하지 않아도 따라갈 수 있다. 뒤차는 공기저항이 감소해 연료비를 아낄 수 있고, 운전하면서 쌓이는 피로도 덜하다.

카카오모빌리티는 군집주행을 할 화물차를 연결하는 서비스에 주목했다. 이에 더해 후행 차량이 얻는 이익이 더 큰 부분을 선두 차

량에 보상해 이익을 효율적으로 배분하는 서비스도 추가했다. 2021년 9월 고속국도 영동선과 중부내륙선 약 80km 구간에서 화물차 4대가 시속 90km로 차량 간 거리 12.5m를 유지하며 달려 장거리 군집주행 기술을 선보였다.

공유 모빌리티 시장은 데이터브리지 마켓 리서치Data Bridge Market Research에 따르면 2028년까지 1조 1,800억 달러로 예상된다. IHS와 삼정은 차량 공유 시장 규모가 2030년 7,000억 달러, 2035년 1조 8,000억 달러에 이어 2040년 3조 3,000억 달러, 2050년 4조 달러에 이를 것으로 전망했다. 삼정은 자율주행의 기술 발전과 함께 공유 서비스 플랫폼의 결합으로 셔틀형, 수요응답형 등의 이용자 중심의 다양한 서비스가 출시될 것으로 전망했다. 기존의 공유 모빌리티 플랫폼을 운영하고 있는 미국의 우버, 리프트 등은 완성차 기업, ICT 기업들과의 파트너십을 체결했다. 공유 모빌리티 업체 중 가장 큰 기업인 우버는 마이크로소프트, 도요타와 파트너십을 체결하고 투자를 받았다.

완전자율주행차는 도시를 바꾼다. 차가 막히지 않으니 주거지역은 지금보다 더 외곽이어도 괜찮다. 지하철 역세권 아파트는 완전자율주행차 시대에는 매력이 떨어진다. 산 좋고 물 좋은 교외가 아파트 수요를 대체하는 날이 올 것이다

자율주행과 하이퍼루프와의 만남도 주목된다. 일론 머스크의 아

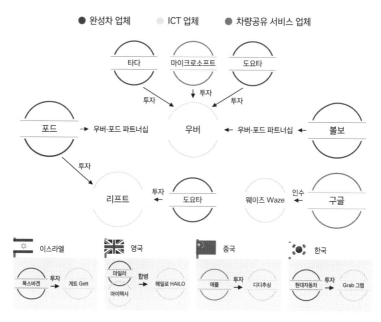

공유 모빌리티-완성차-ICT 기업들의 파트너십

● 완성차 업체　　○ ICT 업체　　● 차량공유 서비스 업체

타다　　마이크로소프트　　도요타

↓ 투자　　↓ 투자　　↓ 투자

포드 → 우버-포드 파트너십　　우버　　우버-포드 파트너십 ←　볼보

↓ 투자

리프트　← 투자 ─　도요타　　웨이즈 Waze　← 인수 ─　구글

이스라엘　　영국　　중국　　한국

폭스바겐 → 투자 → 게트 Gett

마일러/마이택시 → 합병 → 헤일로 HAILO

애플 → 투자 → 디디추싱

현대자동차 → 투자 → Grab 그랩

출처: 삼정KPMG. 2020. 자율주행이 만드는 새로운 변화

이디어는 진공 튜브에서 차량을 열차에 실어 이동시키는 형태다. 자기장을 이용해 추진력을 얻고 마찰력을 줄이기 위해 바닥에 공기를 분사한다. 최고 속도는 시속 1,280km로 서울과 부산을 20분도 안 돼 주파한다.

　머스크는 미국 서부 해안의 샌프란시스코와 로스앤젤레스를 연결하는 하이퍼루프의 건설 비용을 60~100억 달러로 예상했다. 고속철도를 건설하는 데 드는 예상 비용인 1,000억 달러에서 10분의

여길 비추세요

버진 하이퍼루프

1 수준이다. 세계 최초의 초고속 자기부상열차는 독일 트랜스래피드이다. 궤도 위에 10mm 뜬 상태로 시속 430km로 달린다. 중국 상하이 푸동 공항에서 시내 중심부까지 30km 구간에서 실제 운행 중이다. 버진 하이퍼루프는 2020년 10월 처음으로 사람을 태우고 하이퍼루프 주행 테스트를 했다.

스마트시티 연구자인 김성식 건설기술연구원 미래스마트건설연구본부 선임연구위원은 "하이퍼루프로 우리나라 전체가 하나의 도시로 움직일 수 있다"라고 말했다. 1,000만 이상 도시와 전국 각지의 구심점을 하이퍼루프로 연결한다는 구상이다. 하이퍼루프로 연결되는 지점을 중심으로 집은 어디든 마련할 수 있다. 서울에서 집을 사지 못해 안달할 필요가 없게 되는 것이다.

하이퍼루프는 언제쯤 일반인들도 이용할 수 있게 될까. 하이퍼루프를 개발 중인 HTT(Hyperloop Transportation Technology)는 2018년부터 UAE(아랍에미리트)에서 하이퍼루프 상용화를 서두르고 있다. 두바이부터 아부다비까지 120km 구간에 하이퍼루프를 만드는 것이 목표이다. 이후 사우디아라비아 수도 리야드까지 1,000km를 추가 연장할 계획이다.

왐족이 온다

UN이 인구 과밀화를 우려하며 "2050년까지 전 세계 인구 70% 가 대도시에서 거주할 것으로 전망한다"라고 말했다. 2030년 인구 1,000만 명 이상인 대도시는 40개 정도로 늘어날 것이라고도 한다. 서울과 같은 대도시에서는 교통 체증이 일상화됐다. 지상에서의 이동 속도는 과밀화가 진행될수록 느려진다. 그래서 눈을 돌린 곳이 하늘이다. 텅 빈 하늘에 도로를 그리고 자동차를 날게 하니 도시는 2차원에서 3차원 공간으로 확대된다.

앞서 이 책은 UAM이 상용화 초기에 선망의 대상이 될 수 있다는 점에서 자의적으로 왐 UAM 이라는 단어를 썼다. 왐족이 기다리는 UAM의 시장 전망은 장밋빛이다. 포르쉐컨설팅 Porsche Consulting 은 2030년 여객용 PAV Personal Air Vehicle 2,000대가 우리 머리 위를 날아다닐 것으로 전망했다. 2035년에는 1만 5,000대로 전망했는데, 최대 4만

3,000대를 예측했다. UAM 이용객 수가 가장 많을 것으로 보이는 나라에는 서울과 도쿄, 상하이, 뉴욕, 베이징이 꼽혔다.

모건스탠리는 전 세계 UAM 시장이 2030년 3,220억 달러, 2040년 1조 5,000억 달러까지 성장할 것으로 본다. KPMG는 2030년이 되면 전 세계에서 매년 1,200만 명, 2050년에는 4억 5,000만 명이 UAM을 이용할 것으로 내다봤다.

자율주행차보다 UAM이 먼저일까

독일의 신흥기업 볼로콥터는 드론 택시를 개발 중이다. 2020년 말 볼로콥터는 싱가포르에서 3년 내에 서비스를 시작하겠다고 발표했다. 싱가포르의 마리나베이샌즈를 배경으로 한 사진이 인상적이다. 실제 볼로콥터는 해안지대를 이동하는 비행 루트를 추진 중이다. 관광객이 주고객이고 장기적으로는 국제노선 비행까지 추진할 계획이다. 1회 비행에 300유로로 사전예약도 시작했다. 고속도로뿐 아니라 구도심까지 달려야 하는 자율주행차는 넘어야 할 장애물이 많다. 이에 반해 하늘을 나는 차는 금방이라도 상용화할 수 있을 듯하다.

UAM과 AAM은 의미가 좀 다르다. UAM은 도심항공교통이란 뜻이고, AAM은 UAM에서 보다 확장된 개념이다. 차세대 도심이동비행 정도로 해석하면 되겠다. UAM이 교통난을 겪는 도심에서의 빠른 이동을 도모한다면 AAM은 한 도시에서 다른 도시로 이동하는 개념까지 포함한다.

모델명	형상	제조사	주요 특징
2009년 트랜지션 (Transition)		테라 퓨지아 (미국, 2017년 중국 지리 자동차가 인수)	· 접이식 날개 장착 · 로텍스 912S 엔진(경비행기형) · 비행모드 변환과정 : 30초 · 이륙에 필요한 거리 : 518m · 최대비행거리 : 640km · 최고비행속도 : 161km/h · 예상가격 : 40~50만 달러

출처: 삼정KPMG, 2020, 도심 항공 모빌리티

자동차로 하늘을 날고 싶은 욕망은 꽤 오래전부터 있었다. 플라잉카의 시초는 1917년 미국의 항공기 설계사인 글렌 커티스가 개발한 오토 플레인이다. 오토 플레인은 날기는 날았지만, 비행이라고 할 만한 수준은 아니었다. 2009년 MIT 졸업생들이 만든 테라퓨지아   는 접이식 날개가 있는 플라잉카 트랜지션을 선보였다. 경비행기를 닮았고, 최대 비행거리는 640km, 이륙에 필요한 활주 거리는 518m였다. 이후에도 리버티와 에어로보밀 3가 잇따라 나왔는데, 자동차와 항공기의 결합은 크게 활성화하지 못했다. 드론과 항공기의 결합부터 변화가 일어났다.

중국에서는 이미 이항의 드론에 사람을 태우고 관광지 주변을 무리지어 날고 있다. 이웃 일본은 에어로넥스트   가 2019년 3세대 드론을 발표했다. 이름은 '하늘을 나는 곤돌라'이다. 이에 앞서 경제산업성과 국토교통부는 2019년 8월 에어 모빌리티 구상을 발

*   삼정KPMG, 2020, 하늘 위에 펼쳐지는 모빌리티 혁명, 도심 항공 모빌리티

표했고 2023년 사업 개시를 목표로 뛰고 있다. 일본은 드론 활용에 적극이다. 2016년부터 건설 현장에서 드론을 통한 3D 구현을 법적으로 허용했다. 우리나라에서는 2020년 11월 드론택시 시험비행이 있었다.

UAM이 상업적으로 서비스될 첫 지역은 어디일까. 싱가포르 이외에도 미국과 호주에서 우버가 준비하고 있다. 우버는 2023년 시작할 계획이다. 우리나라는 2025년 첫 서비스를 목표로 하고 있다. 2016년 우버가 '우버 백서'를 내놓으면서 활성화한 UAM 시장은 상용화에 가깝다. 특히 서울처럼 교통 혼잡이 극심한 지역에서는 UAM 도입이 절실하다.

UAM의 쓰임새는 크게 세 가지이다. 첫째, 도심 내 단거리 이동이다. 둘째, 도심과 공항을 연결한다. 셋째, 도심과 주변의 베드타운을 연결한다. 컨설팅업체인 롤랜드 버거(Roland Berger)의 전망에 따르면 2050년 UAM 시장의 구성비는 50%는 공항과 도시를 연결하는 에어셔틀, 40%는 도시와 도시 연결, 10%가 도시 내 택시 기능이다.

여길 비추세요

드론 택시 2025년
상용화

UAM의 기체는 2021년 기준 500여 개 이상의 모델이 개발 중이거나 계획 중이다. 미국에서는 50개 이상의 전문 스타트업이, 유럽에서도 25개 이상의 전문 스타트업이 개발을 주도하고 있다.

UAM이 어디에서 뜨고 내릴 것인가 역시 주요한 결정 사항이다.

UAM은 활주로를 가진 공항은 필요하지 않다. 헬리콥터 이착륙장을 활용하면 되지 않겠냐고 물을 수 있지만, 헬리콥터와는 이용객의 규모 자체가 다르다. 일반 건물의 옥상을 개조하는 것으로도 해결되지 않는 문제이다. 결국 UAM을 위한 착륙장을 갖춘 터미널을 새롭게 구축해야 한다는 것이 가장 현실적인 해결책이다.

우버는 2016년 UAM 착륙장으로 버티포트Vertiport와 버티스톱Vertistop 구축 방안을 제시했다. 버티포트는 수직 이착륙은 물론 충전과 정비가 가능하고 버티스톱은 이착륙만 가능하다. 이후 우버는 2019년 우버에어 스카이포트라는 새 개념을 제시했다. 1시간에 200대 이상 이착륙할 수 있고, 충전과 정비는 물론 각종 편의시설을 갖췄다. 여기에는 자동차와 자전거, 전동스쿠터와 환승이 가능하도록 설계했다. 스카이포트를 중심으로 도심 내 모빌리티가 유기적으로 움직일 수 있도록 하겠다는 것이다. 우리나라에서는 UAM과 도심 모빌리티의 통합 청사진을 제시했다.

고민해야 할 문제는 또 있다. 저고도 교통관리 시스템UTM, Unmanned aerial system Traffic Management 구축이다. 비행기 사고가 발생할 확률은 10억분의 1이라고 한다. 거의 사고가 나질 않을 정도까지 UAM 사고 확률을 줄여야 한다. 하늘길에 UAM이 뜨기 시작하면서부터 문제가 시작된다. 우리는 그동안 이렇게 정기적으로 대량으로 하늘을 나는 것을 통제해본 경험이 전무하다. NASA에서도 UAM을 개발하고 있다. 항공관제시스템에서 가히 새로운 전기를 맞이하는 셈이어서 국제적인 표준이 필요하다.

국내에서는 2020년 6월 국토부가 한국형 도심항공교통, K-UAM 로드맵을 발표했다. 2021년 8월에는 국토교통부와 기상청 등 관계 부처가 '국가항행계획 2.0'을 확정했다. UAM을 대비해 첨단·무인 기반 교통관리체계를 마련한다는 것이 골자이다. 여기에는 가상·증강현실과 접목해 관제 업무를 수행하기 위한 계획도 담겨 있다.

정부는 2026년까지 항행안전시설 계획을 세부적으로 제시했는데, 관제시스템부터 통신기술까지 대대적인 변화를 예고하고 있다. 2023년부터 위성항법시스템 기반 서비스 제공을 시작으로 첨단 관제시스템 도입을 서두르기로 했다. 레이더도 18초 단위에서 1초 단위 감시로 바뀐다. 2024년에는 UAM 등이 다닐 수 있는 저고도까지 확장한다. 데이터 공유와 통신체계 개편도 과제이다. 소음 문제는 합격점을 받을 수 있는 수준이다.

우버 및 볼로콥터 PAV의 소음 기준과 타 소음 수준 비교 (단위: 데시벨)

20	40	50	60	62~65	87	100	110	120
시계초침	도서관	조용한 사무실	일상대화	PAV	헬기 (500피트 상공)	철도변	자동차 경적	전투기 이착륙

출처: 국가소음정보시스템, Uber white paper(2016), Volocopter white paper(2019), 삼정KPMG

2021년 유럽항공안전기구의 조사에 따르면 에어택시의 이용자 수용성은 안전, 보안, 소음, 환경 등이 Top 4로 꼽혔다. 안전은 상업용 드론을 예로 들 경우 차 한 대가 보행자 5명을 칠 경우를 레벨 1로 할 때 수용성이 24%였고, 그 경우가 10분의 1일 때(레벨 4)는 수용성이 80%로 뛰었다. 소음은 조금 복잡하다. 같은 데시벨을 기준으로 할 때 드론이나 에어택시가 내는 소리는 오토바이나 버스보다 귀를 거슬리게 하는 것으로 나타났다. 보고서는 이에 대해 UAM의 소리 자체가 다르거나 UAM이 귀에 익은 소리가 아니기 때문이라고 봤다. 조사에서 응답자들은 귀에 익은 소리의 여부와 상관없이 헬리콥터의 소음이 가장 귀에 거슬린다고 응답했다.

더 많이, 더 멀리

UAM은 도심을 저고도로 날아야 하니 소음이 적어야 하고, 공해 물질 배출도 거의 없어야 한다. 그래서 UAM 기체 중 대세는 전기 동력 분산 수직이착륙기eVTOL, electric Vertical Take-Off & Landing이다. eVTOL 개발은 크게 세 가지이다. 첫 번째, 앞서 싱가포르에서 볼로콥터가 적용할 볼로시티는 멀티로터Multi rotor이다. 멀티로터는 상대적으로 빨리 생산할 수 있다. 드론과 크게 다를 것이 없어 기술적인 난이도가 낮다. 다만 기체 구조상 느리고 갈 수 있는 거리도 짧다. 2인승 정도가 한계로 50km 이내 거리를 이동할 때 적합하다.

두 번째, 리프트 앤 크루즈는 이착륙 때는 수직 방향으로 로터가 회전하고 비행할 때는 수평 방향의 로터가 기능한다. 날개는 고정돼 있다. 미국 위스크의 코라, 미국 오로라 플라이트 사이언스의 PAV가 리프트 앤 크루즈이다. 날개가 있으니 순항속도는 빠르고 갈 수 있는 거리도 길지만, 탑재 중량은 멀티로터와 비슷한 수준이다.

세 번째, 틸트엑스는 날개가 고정된 리프트 앤 크루즈와는 달리 날개를 접는 방식이다. 순항속도가 빠르고 항속거리도 길며 탑재 중량도 다른 두 방식보다 높다. 미국 조비 에이비에이션의 S4와 독일 릴리움의 릴리움 제트 등이 있다. S4의 탑재중량은 463kg이다. 이항 216이 220kg인 것과 비교하면 두 배 이상이다. 기술적 난이도가 가장 높지만, 활용도가 가장 높을 것으로 보여 한화 시스템은 미국 오버에어와 틸트로터인 '버터플라이' 설계를 진행 중이다. 버터플라이는 최고 시속 320km, 항속거리 161km를 목표로 한다.

현대자동차는 2020년 CES에서 우버와 협력 개발 중인 S-A1을 선보였다. 현대자동차는 물류용과 여객용 UAM을 동시에 개발 중이다. 특히 여객용 UAM 기체는 배터리 기반으로 2028년 서비스 시작을 목표로 하고 있다. 도심에서 인근 공항까지 사람을 실어 나르는 서비스가 가장 먼저 도입될 것으로 보이고 이후 대도시를 연결하는 UAM 기체를 출시할 전망이다.

UAM에 대한 투자 열기는 뜨겁다. 볼로콥터는 다임러와 볼보의 모회사인 중국의 지리자동차 , 인텔 , 마이크론 의 투자를 받았다. 구글의 공동 창업자 래리페이지는 키티호크와 지닷에 어로에 비공개로 1억 달러 이상을 투자한 것으로 알려졌다. 미국의 조비 에이비에

여길 비추세요

CES 2020
최초 공개
UAM S-A1

주요 스타트업의 eVTOL 주요 모델 개발 동향

기업	모델	특징
조비 에이비에이션	Joby S4	5인승, 순항속도 322km/h, 6개의 틸팅 로터, 1회 최대 비행거리 241km, 2017년 최초 비행, 2020년 12월 미국 공군의 감항인증 획득, 2024년 민간 상용 서비스 런칭 계획
릴리움	Lilium Jet	5인승, 순항속도 186km/h, 36개의 덕트팬, 1회 최대 비행거리 300km, 2019년 최초 비행, 2024년 에어택시 상용서비스 런칭 계획
블로콥터	Volocopter VC200	2인승, 순항속도 100km/h, 18개의 로터와 9개의 배터리로 구동, 2013년 최초 비행
	Volocopter 2X	2인승, 급속충전 40분, VC200의 상용화 버전, 1회 최대 비행거리 27km, 2017년 최초 비행
이항	Ehang 184	1인승, 순항속도 100km/h, 1회 최대 비행거리 16km, 최대고도 3,500m, 2016년 최초 비행
	Ehang 216	이항184의 2인승 버전, 최대 시속 100km, 비행거리 35km, 2017년 최초 비행, 미 연방항공국 승인 진행 중

출처: 삼정KPMG, 2020, 하늘 위에 펼쳐지는 모빌리티 혁명,
도심 항공 모빌리티·심혜정, 2021, UAM 글로벌 산업 동향과 미래 과제

이선에는 인텔 캐피탈과 토요타 AI 벤처스가 주요 투자자로 참여했다. 릴리움은 텐센트, 스카이프 창업자인 니콜라스 젠스토롬이 설립한 투자회사 아토미코   , 트위터 창업자인 에반 윌리엄스가 설립한 투자회사 오비어스 벤처스 사모펀드인 LGT 등이 있다. 이 밖에 아우디는 현대차, 에어버스와 공동 개발 중이고, 애스턴마틴과 롤스로이스   , 포르쉐는 보잉과 함께 개발에 참여했다.

UAM 기체의 동력원은 물론 전기에너지이다. 순수 배터리로 움

---

*   삼정KPMG, 2020, 하늘 위에 펼쳐지는 모빌리티 혁명, 도심 항공 모빌리티

KPMG의 도시별 UAM 이용객 수 전망

도시	UAM 이용객 수(단위: 100만 명)		
	2030년	2040년	2050년
도쿄	1.1	7.5	24.6
상하이	1	7.2	24.3
뉴욕	0.7	4.7	15.7
베이징	0.7	4.9	16.4
서울	0.7	4.7	15.5

출처: KPMG, 2019, Getting mobility off the ground

직이는 모델이 대부분이지만, 수소전기 모델도 개발 중이다. 배터리는 자율주행차는 물론 UAM에서도 가격과 성능을 좌우할 핵심 부품이다. 배터리 기술은 한국이 앞서가고 있는 만큼 UAM 기체의 배터리 시장 역시 선점이 중요하다. 관건은 무게와 용량이다. 가벼우면서도 고용량이어야 더 많은 사람을 태울 수 있고 비행거리도 늘어난다.

비행기에는 기장이 있지만 대부분 자동항법 시스템으로 이동한다. UAM 기체 역시 자율비행으로 개발되고 있는 모델이 꽤 있다. UAM은 장애물이 많지 않은 공중에서만 이동하기 때문에 원격조종이나 자율비행의 적용이 수월하다고 전문가들은 보고 있다.

중국은 무인항공 산업 육성에 매우 적극적이다. 중국 정부는 드론 택시를 본격 도입하기 위해 민간 자율비행 드론 테스트 기지 건설에 관한 사업 가이드라인을 발표하면서 민간 자율비행 드론 테스트 기지 13곳을 지정했다. UAM은 지상에서보다 더 빠르게 자율비행이 도입될 전망인 만큼 해킹을 막아 안전성을 보장할 기술을 갖춰야 한다.

자율주행 초기 단계부터 해킹 방지는 필수

이동훈 고려대학교 정보보호학 교수

완전자율주행차와 UAM은 센서, 네트워크, 운영체제 영역 등이 결합한 시스템이다. 하나의 보안 기술로 전체 시스템을 보호하기보다는 각 영역에 맞춘 보안 기술이 필요하다. 자율주행은 인지Perception, 판단Decision, 실행Execution으로 크게 3단계로 나눌 수 있다. 라이다 등의 센서를 통해 물체를 인지하고,

이동훈 교수

판단에서는 인지한 물체를 바탕으로 방향이나 물체를 피해가는 방법 등을 결정한다. 실행은 판단에 따른 의사결정 기반으로 차량 내부 네트워크를 제어한다.

인지 레벨에서 발생할 수 있는 센서 공격Jamming(Noise 주입)에 대응하기 위해 다수의 센서정보를 활용해서 상황을 파악하는 센서 퓨전

연구가 존재한다. 판단 단계에서는 AI 모델 공격(Adversarial Example 공격 등)에 강건한 모델이 연구되고 있다. 실행 레벨의 필수 요소인 차량 내부 네트워크를 보호하기 위해 인증 프로토콜과 침입 탐지시스템 등이 연구 중이다.

아직 각 레벨에서 발생할 수 있는 보안 문제 및 이에 대한 보안 기술들에 대한 연구가 완전히 정립되지 않아 완전 자율주행 시대를 열기 위해서는 3가지 단계에서 필요한 보안 기술들에 대한 연구와 고도화를 진행해야 한다.

해킹을 100% 방어를 할 수 있는 기술은 단호히 없다고 봐야 한다. 미래에 발전된 기술이 해킹 방어 기술에만 적용되지는 않을 것이다. 다시 말해 기술 발전은 해킹 기술의 발전을 의미하기도 한다. 이미 대부분의 해킹 기술이나 악성코드는 AI를 사용하며 자체적으로 진화하고 있다.

해킹은 또 방어와 달리 가장 취약한 부분을 통해 이뤄진다. 해커의 공격에 대한 이상징후 탐지와 이를 대처할 수 있는 사이버 안보 거버넌스 구축(시스템 취약점 테스트, 보안 패치, 보안 교육 등)이 필요하다. 해킹 사고 발생 시 빠른 시간 내에 이를 탐지하고 대처할 수 있는 시스템을 만드는 것이 매우 중요한 것이다. 가장 어려운 부분은 의도하지 않은 행위로 인한 취약점이 생기는 경우다. 쉬운 예로 패스워드를 업데이트하라는 권고를 일반인들은 무시하기 일쑤다.

미국 국가안전국의 기밀자료를 폭로한 에드워드 스노든의 사례에서 볼 수 있듯이 NSA조차 USB를 이용한 내부자에 의해 기밀

정보가 유출됐다. 스노든 같은 사례가 발생하지 않으려면 자율주행 자동차 해킹으로부터 보호해야 할 정보 자산을 정의한 후, 이와 연관된 모든 접근점에 대한 관리가 필요하다.

해킹에 대응하려면 새로운 시스템 도입 시기부터 보안을 고려하는 보안내재화   가 필수다. 즉 시스템에서 보호해야할 정보자산을 분류하고 해당 자산들에 대한 보안 요구사항을 도출한 뒤 각 자산을 보호할 수 있는 공격 예방, 탐지, 대응 기술을 시스템의 디자인 단계부터 도입해야 한다.

해킹의 이유는 다양하다. 2008년 1월 14세 폴란드 소년이 트램을 해킹해 4대의 트램이 탈선했다. 단순한 흥미로 시작한 해킹에 12명이 부상을 입었다. 또 최근 미국 송유관 업체 콜로니얼 파이프라인   의 랜섬웨어 해킹, 뉴욕 메트로폴리탄교통국   의 교통 시스템 해킹 등은 정치적 이유와 경제적 이유 등이 복합적으로 작용했다고 본다. 완전자율주행과 완전자율비행 시스템을 해킹하려는 세력의 목적도 여러 가지일 것이다. 기술 단계 도입부터 해킹에 대한 대비가 함께 이뤄져야 한다고 판단하는 이유이다.

모빌리티 혁명에서
앞서 나간 선진국들

바이두&위라이드Weride, 자율주행 로보택시 '미래가 아니다,
현실이다'

출처: WeRide.ai

날고자 하는 인간의 욕망은 꺾이지 않았다. 라이트형제는 비행
기 모형으로 200회 이상 시험하고, 1,000회 가까이 글라이더
시험비행을 했다. 첫 비행은 12초 동안 36m를 날았다. 두 번째
비행은 59초, 244m를 비행했다. 점점 거리가 늘었다. 1905년
이 되자 40km 비행 기록이 나왔다. 날기 시작하자 생기는 문제
를 족족 해결했다. 라이트형제처럼 자율주행 로보택시도 시험
비행을 마치고 이제 본격적으로 시행을 앞두고 있다.

자율주행차에 스마트시티는 필수이다. 레벨 5의 완전자율주행차가 나온다 해도 당장은 초보 운전자와 다를 바 없다. 갓 면허를 딴 초보 운전자는 초기엔 운전 연습을 하려고 한적한 도로를 찾아간다. 완전자율주행차 역시 학습이 필요하다. 스마트시티는 학교 운동장처럼 완전자율주행차가 안전하게 다닐 수 있는 방법을 익히게 돕는 역할을 한다.

중국이 전기차와 자율주행차에서 세계 선두권을 차지하기 위해 전폭적인 지원에 나섰다. 미국은 이미 구글 웨이모를 위시해 완전자율주행 시험에서 가장 앞서 있다. 구글이 검색엔진의 최강자에 오른 데 이어 웨이모가 같은 자리를 차지할 개연성은 충분해 보인다. 한국도 위기의식이 필요한 시점이다.

무섭게 질주하는
중국

중국 충칭시는 일대일로와 창장 경제벨트가 지나는 길목에 있다. 충칭시는 대규모 물류 단지를 조성해 물류 중심지로 거듭나겠다는 전략을 추진 중이다. 물류뿐 아니라 대중교통에서도 앞서간다. 중국에서 처음으로 공공 대중교통 버스를 자율주행으로 운행하는 프로젝트가 바로 충칭시에서 시작한다. 로보택시나 쇼핑몰 버스, 통근 버스를 자율주행으로 시도한 경우는 있지만, 공공 대중교통 버스 자율주행 사례는 없다. 그래서 바이두가 운영을 맡고 바이두의 자율주행 플랫폼 아폴로를 적용하기로 했다.

아폴로는 바이두가 지난 2017년 시작한 개방형 자율주행 기술 개발 프로젝트다. 개방형 프로젝트여서 포드와 BMW, 혼다, 인텔, 마이크로소프트를 포함해 현대차그룹과 LG그룹도 동참하고 있다. 현대자동차는 미국 자율주행 기업 앱티브 , 오로라 와 함께 북미

시장을 노리고 자율주행 플랫폼을 개발 중인데 최근 바이두와 전략적 협약을 맺어 자율주행 플랫폼에 아폴로도 쓸지 관심이 크다.

충칭시는 이미 2019년부터 바이두와 자율주행 테스트를 해왔다. 바이두는 2021년 1월 중국 지리자동차와 바이두 자동차를 설립하기로 해 플랫폼 개발뿐 아니라 전기 자율주행차 제작에도 뛰어들었다. 지난 8월 충칭시에서는 의미 있는 행사가 열렸다. 'i-VISTA 자율주행 그랜드 챌린지'가 열리는 나흘 동안 가장 주목을 받은 행사는 첨단 운전자 보조 시스템, ADAS Advanced Driver Assistance Systems 경기이다.

참가자가 자신의 차를 갖고 나와 자동 긴급제동 시스템이나 자동 주차시스템 기능에서 어느 차가 더 뛰어난지 겨룬다. 2021년 챌린지에는 30개 가까운 차종이 참가했는데, 사실상 중국 내 스마트카가 총출동한 셈이다. 챌린지와 동시에 충칭시는 새로운 과학 기술 혁명이 가져올 미래의 스마트시티를 그린 영상을 제작했다. 마치 일본에서 제작한 공상과학 영화를 방불케하는 영상이다.

아폴로는 2020년 12월 업계 최초로 베이징에서 승객을 태우고 자율주행차를 운행할 수 있는 면허를 취득했다. 바이두의 자율주행 누적 주행거리가 300만km를 돌파한 뒤였다. 당시 우리나라에서 진행한 자율차 누적 주행거리가 71만km였던 것과 비교하면 한참 앞선 셈이다. '아폴로 고' 로보택시는 베이징에서 앱을 통해 호출할 수 있고 안전 요원이

여길 비추세요

중국 충칭
스마트 시티에서의
일상

동승하고 있는데, 베이징의 자율주행 시범도로 700km 내에서 운행하고 있다.

바이두가 자율주행차 테스트를 하는 지역은 중국 내에서만 23개 도시다. 2023년 100개 도시로 자율주행을 확장하는 것이 바이두의 목표이다. 시 정부의 지원은 적극적이다. 베이징시는 허가를 내주기 전 자율주행차 테스트 시행 세칙을 바꿔 규제를 완화했다. 10만km까지는 내부 직원을 태우고 테스트하고, 이후에는 일반인을 태우고 50만km까지 테스트할 수 있도록 허가했다. 우리나라의 카카오택시와 유사한 디디추싱도 자율주행차 시장에 뛰어들었다. 2020년 6월 상하이에서 자율주행 택시인 로보택시 서비스를 시작했고, 상하이 자딩구 자율주행 시범도로에서 무료로 운행 중이다.

상하이교통대학은 2018년 5월부터 학교에서 자율주행차를 시범 운영 중이다. 상하이교통대학에서 학생은 이동전화의 QR코드를 정류장에 스캔하면 버스가 자동으로 정거해 승객을 태운다. 광저우에서는 자율주행 스타트업 위라이드가 로보택시를 1년 동안 시범 운행한 결과 누적 이용자가 6만 명을 넘었고 안전사고는 없었다고 발표했다. 선전에서는 자율주행 버스 개발 업체 큐크래프트가 2020년 12월 무인 버스인 로보버스를 운행하고 있고, 자율주행 버스 중에서는 처음으로 월 단위 교통카드로 이용할 수 있게 했다. 이 밖에 시안에서는 2020년 12월부터 자율주행 배송차량이 항공우주기지 내에서 시범 운행 중인데 이 사업은 징둥　이 맡았다.

징둥은 우한이 코로나19로 봉쇄됐을 때, 자율주행 배송 차량으로 1만 3,000건의 주요 물자를 배송하기도 했다. 중국의 주요 자율주행 기술 업체인 바이두, 포니, 위라이드, 디디, 오토X 등은 고가 도로를 포함한 일반 도로에서 자율주행이 가능한 수준이다. 일부 업체들은 터널과 가로수 등이 놓인 복잡한 도시 환경에서도 주행기술을 개발하고 있다. 중국은 로보택시 시장만 보더라도 2030년 100~200만 대 수준으로 세계에서도 가장 큰 규모의 시장 중 하나로 평가된다.

자율주행에 필요한 모든 사물과의 통신 속도와 데이터량을 비약적으로 끌어올리는 5G도 중국은 한국을 앞서고 있다. 2020년 금융 분석 사이트 핀볼드의 조사를 보면 5G 관련 특허 건수는 화웨이가 3,147건으로 압도적인 1위이다. 2위는 삼성전자로 2,795건이었다.

자율주행과 중국 AI의 역사는 바이두가 이끌어왔다. 중국 정부의 톈왕 프로젝트는 AI가 도시 인프라 제어와 치안을 담당하도록 하고 있다. 중국 AI 기술은 전자상거래 알고리즘과 안면인식 기술에서는 세계 최고 수준으로 바이두의 AI 사람 찾기 프로그램으로 3년 만에 헤어진 가족을 다시 만나게 한 사례가 1만 건에 이른다.

중국은 개인 정보 활용에 대한 규제가 미국이나 유럽만큼 철저하지 않다. 중국 정부는 빅데이터를 바탕으로 사회를 통제하고 있어 AI에서도 해당 기술 분야는 다른 나라를 압도할 수 있었다. AI가 자율주행에서 역할도 무궁무진하다. 중국이 공들이고 있는 4차 산업 기술은 모두 자율주행으로 모이고, 자율주행은 4차 산업의 발전 정도를 알게 할 바로미터가 될 것으로 보인다.

모빌리티 혁명에 전폭적인 지원을 아끼지 않는 중국 정부는 최근 2035년 교통 건설 목표와 중점 과제를 담은 국가종합입체교통망 계획을 발표했다. '전국 123 교통권'과 '글로벌 123 물류권'이 골자다. 전국 123 교통권은 도시권은 1시간 통근, 도시군은 2시간 연결, 전국 주요 도시 3시간 교통망을 구축하겠다는 계획이다. 도시군은 1개 이상의 특대도시 및 3개 이상의 대도시로 구성된 지역 클러스터 개념이다.

글로벌 123 물류권은 중국 내에서는 하루 배송, 주변 국가에는 이틀 배송, 전 세계 주요 도시는 사흘 배송을 뜻한다. 국내 교통망은 물론 해외 국가와의 연결통로까지 완비하고 열차와 항공기, 선박, 자동차까지 모두 스마트화할 수 있다는 자신감에서 나온 계획이다. 중국은 2025년 자율주행 상용화를 목표로 뛰고 있다.

일각에서는 베이징과 상하이에서 운영하는 로보택시가 안전요원이 있더라도 기술 수준은 이미 레벨 4에 근접한 것이 아니냐는 분석도 나온다. 바이두는 지난 4월 상하이모터쇼에서 무인주행에 가까운 4단계 자율주행 기술을 갖춘 아폴로 스마트 드라이브 시스템을 공개했다. 앞으로 5년 내 100만 대의 자동차에 이 시스템을 적용하겠다는 목표를 세웠다. 바이두의 아폴로는 웨이모와 테슬라의 자율주행 기술의 장점을 혼용하고 있다고 설명한다.

---

* 조창완, 2020, 애프터 코로나 투자의 미래

국내 자율주행 개발업체에서 중국을 주시하는 가장 큰 이유는
바로 인프라이다. 한지형 오토노머스에이투지 대표는 중국의 강점
과 관련해 기술 개발 여건이 상당히 앞서 있다는 점에 주목한다. 한
대표는 "중국의 경우 정부에서 상당히 전폭적인 지원이 이뤄지고
있고 무엇보다 대규모 스마트시티를 구축해 그 안에서 자율주행차
만 다니게 하는 등 현실적으로 기술개발이 빠를 수밖에 없는 상황"
이라고 지적했다.

교통정리가 끝나야
기업은 투자한다

자율주행 방식은 크게 두 가지로 나눠볼 수 있다. 바로 구글의 웨이모 방식과 테슬라 방식이다. 웨이모 방식은 특정 경로에 대한 상세한 분석을 바탕으로 한다. 이미 정보가 충분한 도로를 달리기 때문에 안전성은 높지만 어디든 갈 수 있으려면 많은 작업이 필요하다. 뉴욕 전역을 달리려면 뉴욕에 대한 도로 분석을 마쳐야 하는 식이다.

테슬라 방식은 운전자를 보조하는 자율주행 보조 기술이 핵심이다. 테슬라의 오토파일럿은 당장은 활용성이 높아 벌써 일반 운전자도 많은 기능을 사용할 수 있지만, 앞서 살펴본 것처럼 기술의 완성도가 100% 안전을 보장할 수준이 아니라는 약점이 있다. 테슬라 차량 사고가 종종 기사화되는 이유이다. 두 방식 모두, 굴지의 기업들이 고민하고 각각의 장점을 따오려고 노력하는 표본이다. 또한 이

2020년 미국 자율주행차 4.0 10대 기술 원칙

자율주행차 10대 기술 원칙	주요 내용
개인 정보 보호 및 데이터 보안 보증	• AV 기술 설계, 적용 시 데이터 보안, 개인 정보 보호를 위해 포괄적 위험 기반 접근방식을 사용 • 무단접속/수집/사용/공유 등의 개인 정보, 제3자 데이터(AV가 수집할 수 있는 보행자데이터) 및 운전자, 동승자가 데이터를 보호하는 것을 포함
안전에 우선순위	• AV 기술의 안전한 통합 촉진 • 잠재적 안전 위험 해결 • 인명구조 잠재력 향상 • 신기술의 대중 신뢰 강화를 위한 노력 주도 • AV 기술의 성능, 기능, 규제에 대해 대중에 오도되지 않도록 기존 법률을 계속 시행
보안 및 사이버보안 강화	• AV 기술, 관련 서비스가 범죄에 악용될 시 발생 가능한 보안 문제, 안전위협으로부터 보호를 위한 보안기술개발, 구현에 대하여 지원 예정 • 알려져 있거나 진화하고 있는 위험으로부터 방지, 감지, 보호, 대응, 복구와 관련한 교통시스템, 모든 데이터 매체로부터 물리적/사이버 보안 표준과 모범 사례를 개발 및 촉진시킴
이동성 및 접근성 향상	• AV가 전통적 수동차량과 도로이용자가 함께 작동하는 환경을 조성, 도로이용자 스스로가 가장 적합한 이동수단을 선택하도록 노력 • 장애인, 노인을 포함한 모든 국민이 이동수단을 독자적으로 선택하고, 개인이 원하는 장소에서 생활하고 일할 수 있으며, 안전하고 경제적으로 접근 가능한 이동성의 선택 기회를 확대할 수 있도록 자율주행 기술개발을 지원
기술 중립 유지	• 개인이 경제적, 효율적, 효과적 운송수단을 선택할 수 있도록 유연한 기술 중립적 정책을 국제적 차원에서 또한 채택할 수 있도록 지원
혁신과 창의성 보호	• 경제번영, 혁신적 경쟁 보호, 새로운 경제성장 동력을 촉진 • AV를 포함하는 모든 부문에서 혁신적, 창의적 역량 확보에 우선순위를 두는 성장친화적 정책을 지속적으로 추진 • 지식재산의 보호를 통하여 자국 혁신가의 희생으로 타국이 불공정한 이득을 취하지 못하도록 노력

규제의 현대화	• 일관된 규제 및 AV 운영환경 장려를 위해 AV 개발의 방해, 안전, 이동성 및 접근성 요구에 장애가 되는 오랜 규정을 현대화하거나 제거
	• 이를 위해 주정부, 지방정부, 국제규약 등 간의 규제일관성 촉진을 통해 AV가 전국, 전 세계적으로 원활히 운영될 수 있도록 함
	• 필요한 규제는 성능기반의 비규범적 규제로 마련하는 것을 추구하며 기술, 제품, 서비스 간 무차별
일관적인 표준 및 정책 홍보	• 자발적 합의 기준, 근거, 데이터 기반 규정에 대해 해외 참여를 우선순위로 둠
	• 주정부, 지방정부, 업계와 협력하여 표준개발 및 이행의 자발적 합의를 촉진
	• 운송시스템 전반에 걸쳐 AV 통합 지원 정책을 발전
	• 국제파트너와 조화로운 기술표준 및 규제정책을 모색
연방정부 차원의 일관적 접근방식 보장	• AV 연구 규정 및 정책조정을 적극적으로 촉진
	• 행정명령 13788(자국산 구매 및 자국인 고용), 13881(자국산 재화 및 원자재 사용 극대화), 자국 AV 기술 발전, 선도를 위한 모든 현행 법률규정 및 행정명령을 준수

두 기업은 미국 정부의 전폭적인 지원을 받고 있는 미국 기업이다.

신산업이 출현하는 데는 기술 표준부터 확립돼야 기업들이 선택과 집중을 할 수 있다. 그래야 서비스가 앞당겨진다. 미국 교통부는 2016년부터 자율주행차 관련 기술 지침을 계속 발간해 기술 원칙을 제시했다. 2020년 1월 AV 4.0(Automated Vehicle 4.0)에 자율주행차 10대 기술 원칙이 담겨 있다. 자율주행차 기술 진흥을 위한 첨단제조, 인공지능, 교육과 인력과 양성, 기초연구 협업, 인프라, 세제, 규제, 지식재산권, 환경까지 총망라해 방향성을 제시했다.

주정부 역시 자율주행차 관련 법안 제정과 개정에 매년 적극적으로 참여해 2017년에 33개 주에서 자율주행차 관련 법안을 발표했다. 미국 텍사스 오스틴의 스마트 모빌리티 로드맵을 보자. 공유와 전기, 자율주행 기술이 급부상하는 데 맞춰 앞으로 6년 동안 이뤄야 할 조치사항과 정책, 시범사업, 계획을 정리했다. 자율주행차 성능시험장 운영은 물론 공유 모빌리티 계획도 상세하다. 퍼스트 마일과 라스트마일에 공유차량을 활용하고, 대중교통 공급이 어려운 지역에 초소형 이동수단을 운영하겠다는 방침도 세웠다.

로스앤젤레스는 자율주행과 커넥티드, 공유 모빌리티에 중점을 두고 시의 주요 사업을 전략을 짰다. 스마트 모빌리티 분야에서는 에어택시와 같은 모빌리티 대안 시험, 비고정형 공유자전거를 내세웠고 친환경 모빌리티에는 자동차 전기화, 이외 견실한 모빌리티 데이터 기초 구축, 공유 서비스 공급을 위한 파트너십 구축 등이 있다. 로스앤젤레스가 모빌리티 개선은 물론 교통안전, 교통혼잡 완화를 통한 대기질 개선이라는 비전을 이루기 위해 내놓은 실행방안이다.

샌디에이고는 5대 변혁을 통해 완전히 통합시킨 세계적인 수준의 교통시스템 제공을 목표로 삼았다. 2050년까지 더 빠르고 공정하며 깨끗한 교통시스템 구축으로 지역 내 모든 사람들의 삶의 질 향상, 보다 효율적이고 접근하기 쉬운 교통시스템을 구축한 토지이용, 환경 보호, 지역 경제 활성화 등과 같은 문제 해결을 목표로 사업을 구체화하고 '샌디에이고 5 빅무브'를 제시했다.

미국이 자율주행차 선도국인 가장 큰 이유는 완성차 업체의 기

샌디에이고 5 빅무브 정의 및 활용방안

구분	정의	활용방안
Next OS	전체 교통시스템의 두뇌 역할을 하는 것으로 승용차, 화물차량, e-bike, 스쿠터와 같은 정보를 중앙 데이터 허브로 엮는 디지털 플랫폼	교통 계획, 운영 방법 등을 개선할 수 있으며 수요와 공급에 적절히 대응하여 도로와 교통 서비스가 원활해지고, 사람들에게 더 나은 서비스를 제공하는 현대화된 교통 시스템 제공
Complete Corridors	다양한 경로 선택을 제공하고, 고속도로와 주요 도로의 사용을 실시간으로 관리하는 기술	화물차량, 보행자, 자전거, 승용차 등을 포함하여 모든 사람에게 안전한 공간을 제공 전용차로 운영, 수요관리, 스마트 인프라 및 커넥티드 차량, 대중교통 및 공유 서비스에 대한 우선순위 부여, 연석 공간에 대한 사용, 전기충전소 공급 등
Transit Leap	샌디에이고 지역의 주요 주거 지역과 업무 지역 등을 연결하는 고속, 고용량 교통 서비스 네트워크	더 빠른 대중교통 제공
Mobility Hubs	보행, 자전거, 교통, 공유서비스 등 다양한 수단을 함께 쓸 수 있는 공간	자전거 공유, 카셰어링, 전기자동차, 마이크로 모빌리티 주차 및 충전, 다이나믹 주차 관리 전략, 실시간 여행자 정보, 온디맨드 승차공유 등
Flexible Fleets	이동의 처음과 마지막을 고속철도 및 다른 수단과 연결하여 목적지에 더 쉽게 도착할 수 있도록 연계	승차 공유, 공유자전거, 공유킥보드와 같은 공유 모빌리티 서비스

술개발과 관련 기술에서 가장 우수한 역량을 확보하고 있다는 것이다. 특히 라이다와 같은 기초 센서 기술에서는 미국이 앞선 역량을 확보하고 있고, 소프트웨어 분야에서 이미 구축한 강점을 기반으로 자율주행차 관련 응용 연구 분야를 선도하고 있다.

컴퓨팅 플랫폼 시장은 엔비디아가 선도하고 있다. 업계에서는 활발한 인수합병을 통해 기술 역량을 집중하며 경쟁력을 강화하고 있다. 여기에 정부가 밑그림까지 그려주고 민간 데이터를 수집해 통합서비스를 제공 중이다. 자율주행차 선도국 미국의 위치는 당분간 쉽게 흔들리지 않을 것으로 보인다.

합치면
가능해진다

유럽연합, EU는 2010년 7월 지능형 교통체계, ITS에 대해 회원
국 내에서 일관적으로 적용할 수 있는 자율주행차 규제를 제시했다.
2016년 4월 암스테르담 선언에서는 커넥티드카와 자율주행차 상용
화를 위한 협력을 합의했다.

자율주행차 도입을 위해 개선할 공통 안건도 선정했다. 그해
11월에는 EU 집행위원회가 EU 차원의 C-ITS 전략을 발표했다.
2019년 이후 완성도 높은 C-ITS 서비스를 제공하기 위해 EU 전역
에 걸친 투자와 규제프레임워크의 융합 촉진을 제시했다.

2017년 12월에는 EU 집행위가 EU C-ITS 시스템의 전반적
인 거버넌스와 정보보안관리를 위한 프레임워크 지침을 발표했고,
2018년 5월에는 EU 차원의 자율주행차 전략을 발표했다. 초연결
과 자율주행 차량에 대한 EU의 비전을 제시했는데, 자동차 시장에

서 전통적인 강자였던 EU가 자율주행차에서도 뒤처지지 않도록 안간힘을 쓰고 있다.

유럽은 교통 부문의 탄소 절감을 실현한다는 것을 대전제로 하고 있다. 이를 위해 이용자의 행태와 라이프 스타일을 변화시키고 스마트 지속가능 도시를 구축하고자 한다. 이런 기치 아래 유럽 각국은 목표를 공유하고, 도처에서 시범사업이 이뤄지고 있다.

고풍스러운 영국 런던은 세계 최고 수준의 연결성과 스마트 도로를 바탕으로 세계에서 가장 스마트한 도시를 구축하겠다는 목표를 내놨다. 프랑스 파리가 내세운 목표 중 특이점은 복합수단 모빌리티이다. 자율주행 셔틀, 수요응답형 모빌리티 서비스 디지털화, 자전거와 자동차 공유 등 개방성과 연결성, 지속가능성을 고려했다.

유럽은 레벨 3~4 수준에 맞는 법제 정비와 테스트 인프라 구축에 집중해왔다. 유럽의 자율주행 특징은 기존 도시에서 자율주행을 실험하는 리빙 랩living lab 위주로 지원한다는 점이다. 유럽은 곳곳이 문화재다. 기존 대규모 도시에서 새로운 모빌리티를 적용할 수 있는지 실제 시도를 해보는 게 중요하다. 실증사업을 새 스마트 도시가 아니라 이름만 들어도 알만한 유서깊은 도시에서 진행하는 이유다. 유럽교통안전위원회와 유럽도로교통연구자문위원회 중심으로 자율주행차 관련 표준화를 추진 중이다. 유럽은 자율주행차 기술뿐 아니라 사회 전반적인 파급 효과까지 충분히 고려하고 있다.

자율주행차 전환에 따른 노동시장과 가치사슬 구조의 변화에 대응하는 대처 방안 등을 제시하기도 했다. 시민들이 자율주행차를 받아들일 만한 충분한 인식이 바탕이 되고 그에 따른 부작용에 대한 대비가 돼 있어야 한다는 얘기다. 유럽은 2030년 완전자율주행화를 로드맵으로 제시하고 있다.

해외 자율주행 실증 현황

구분	국가	비고
M-City (미시간대학교)	미국 미시간주	• 자율주행 성능 및 안전성 확인 • 신호 및 비신호 교차로, 정지교차로, 다중차로, 간선도로, 주차공간 등 다양한 인프라 제공
AstaZero	스웨덴	• 자율주행자동차 안전성 평가
SMLL (Smart Mobility Living Lab)	영국	• 다양한 도시 환경의 실도로 구간 테스트베드(로터리, 육교, 교량, IC, 고층 건물 등) • 데이터 센터 & 통제실에서 데이터 통합처리 • V2X RSE, 커넥티드 신호등, 팝업 모니터링 등 다양한 자율주행 인프라 제공
E8 (the Aurora Borealis Corridor)	핀란드	• 도로상 적설 환경에서의 자율주행 실증 • 무오니오(Muonio)와 패토넨(Pahtonen)의 두 도시를 연결하는 실 고속도로 구간 • 도로의 진동, 무게, 압력, 가속도, 차량과의 표면 장력을 체크할 수 있는 센서 인프라 제공
DITCM	네덜란드	• V2X 등 ITS 시스템 효과성 검증 • 헬몬트(Helmond)와 에인트호번(Eindhoven)을 연결하는 A270(고속도로, 6㎞), N270(도시부, 2㎞)의 실도로 구간
Nice City (국제기차성유한공사)	중국 상해	• 29종의 테스트 환경 제공 • 향후 100㎢ 규모의 스마트 커넥티드 자동차 종합도시 시범구로 확대할 예정
JARI(Japan Automotive Research Institute)	일본	• 자율주행 및 센서 테스트 • 강우, 강설, 안개 등 악천후, 열악한 조도 테스트 환경 제공
SDV AV Test-Bed	싱가포르	• 통합 관제 시스템인 Back-end 시스템을 통해 테스트 베드 내의 정보 통합 분석/관리

지금이라도
늦지 않았다

여기는 세종시. 2020년 자율주행차에 돈을 지불하고 타다

출처: 카카오모빌리티

자율주행차를 경험하면 참 신기할 뿐이다. 대중교통으로 정착하면 이용하게 될 것 같다는 답이 경험 전보다 대폭 늘어난다. 우리나라는 자율주행 유상 서비스를 2020년 처음 도입했다. 짧은 구간이지만 돈을 내고 탈만큼 자율주행 기술이 발전했다는 상징성이 크다. 요금은 1,000원이다. 수익을 따져 책정한 금액은 아니다.

자율주행 산업은 자동차 기업만 전력투구한다고 될 일이 아니다. 정부와 담당 기관은 물론 지방자치단체와 연구기관이 모두 힘을 합쳐야 성큼성큼 갈 수 있다. 함께 가야 누이 좋고 매부 좋다. 신산업은 지역 경제에도 활력을 불어넣는다.

완전자율주행 기술개발 업체들은 마라톤 레이스를 하고 있는 중이다. 한 자율주행차 AI 개발업체 대표는 42.195km 중 이제 1km 정도를 지난 지점이라고 말한다. 완전자율주행차 상용화를 위해 한참 달려온 것 같지만, 해결해야 할 과제는 산적해있다. 그렇다고 포기할 상황이 아니다. 이제라도 지속적인 관심을 기울이고 투자해도 늦지 않다.

정부는 2019년 미래자동차 산업 발전전략을 발표했다. 2027년까지 주요 도로를 중심으로 완전자율주행의 세계 최초 상용화를 목표로 법과 제도, 인프라, R&D를 추진하겠다고 밝혔다. 2024년 레벨4 자율주행차를 일부 구간에 상용화, 2027년에 레벨 4 자율주행차를 전국 주요 도로에 상용화하겠다는 것이 골자이다. 2020년 11월 국토교통부는 자율주행차 시범 운영 지구로 서울 상암동과 세종,

제주, 충북, 광주, 대구 등을 처음으로 지정했고 2021년에는 판교를
추가 지정했다.

모빌리티 혁명을 준비하는 지방자치단체를 가다

서울, 자율주행도 수도로
자리매김한다

서울시 상암은 도심 도로에 조성된 세계 유일의 5G 융합 자율주행차 시범운행지구이다. 상암은 2019년 6월 자율주행 테스트베드로 처음으로 조성됐다. 서울시는 2020년 12월 상암의 약 6.2km^2를 자율주행차 상용화 촉진 및 지원에 관한 법률(자율주행자동차법)에 의거한 시범 운행 지구로 지정했다. 서울시는 상암 전역을 미래형 모빌리티 리빙 랩으로 조성하고 있다. 인프라면에서는 자율주행 실증을 위한 세계 최초 5G 상용망과 안전운행을 지원하는 C-ITS 인프라, 특화 관제센터 등을 갖췄다. 기업과 연구기관이 기술을 상용화할 수 있는 충분한 기반이 마련된 것이다.

상암에서는 자율주행 시범 주행, 성능 테스트, 셔틀버스, 택배로봇 등 활발한 테스트가 이뤄진다. 시민이 직접 이용하는 순환버스를 포함해 7개의 여객 유상운송과 2개의 화물 모빌리티 서비스도 있다. 국내 최대 규모의 자율주행협의체에 28개 업체가 참여해 자율주행 상용화의 미래를 앞당기려 고군분투 중이다.

서울시는 전국 최초로 시 조례 제정 등을 통해 자율주행차 관련 제도를 마련했다. 인프라 확장과 법·제도 마련이 함께 가야 한다는 것을 서울시도 절감하고 있다. 조례에는 자율주행차를 이용한 유상 운송 면허 발급 절차와 기준이 담겼고, 이에 따라 상암 일대에서는 대중교통처럼 시민이 요금을 내고 이용할 수 있는 영업용 자율주행차 서비스가 가능해졌다. 상암 일대를 순환하는 자율주행버스와 앱으로 호출할 수 있는 자율주행차 이동서비스를 시작할 법적 토대를

여길 비추세요

**상암의
현재와 미래**

마련한 것이다. 2021년 7대를 시작으로 2025년까지 50대 규모로 확대할 방침이다. 내년부터는 가구 등 무거운 화물과 마트에서 산 물건을 집까지 배송하는 자율차 화물운송 서비스도 시작한다. 서울시가 제작한 동영상을 보며 상암의 현재와 미래를 느껴보자.

서울시의 자율주행차 실험은 상암에만 머물지 않는다. 이미 강남으로 자율주행차 시범운행지구 확대를 추진하고 있다. 강남은 하루 유동인구가 100만 명에 이른다. 서울시는 강남에서 단거리 이동을 자율주행차로 전환하면 상용화 속도를 더 앞당길 수 있다고 분석한다. 특히 현대자동차와 협업해 내년 레벨 4 시스템을 탑재한 자율주행차 로보택시를 10대 선보이고, 2025년까지 50대 이상 규모로 확

상암 자율운행 시범운행지구 개요

위치	마포구 상암동 일원
면적	6.2㎢(기존 1.9㎢)
지역	상암 DMC, 노을·하늘·난지천·한강·평화의공원 등
도로연장	31.3km(24개 도로) * 기존 테스트베드 19.7km
인프라	교통신호 개방 등 137식
상주인구	55,727명(유동인구 약 20만 명)

※ 기존 테스트베드(2019년 8월 조성)는 상암 DMC 일원이었으나,
공원·월드컵경기장 연계 등을 통한 신규 자율주행자동차 모빌리티 창출을 위해 확장

출처: 서울시

상암 자율운행 시범운행지구 개요

통신	세계 최초 5G 상용망 + WAVE 등 모든 V2X 통신망 지원 • 5G 기지국 약 30개소(SK텔레콤), WAVE 기지국 16개소
V2 인프라	교통신호 등 총 70식 C-ITS 인프라(자율주행 안전운행 지원) 구축 • 상암 DMC 일원 등 모든 교차로 교통신호개방(C-VIB 보드) 31개소 • 딥러닝 기반 교차로 위험감시 5개소, 사각지대 보행자 감시 17개소 • 곡선부 위험도로 교통상황 알림 1개소, 터널 돌발상황 감시 6개소 • 불법 주정차 위치 알림 3개소, 관제용 CCTV 7개소 등
관제센터	24시간 민간기업에 무료 개방, 자율주행 특화 관제 플랫폼 등 • 테스트베드를 이용하는 모든 기업에 개방(상황판 관제프로그램 이용 등) • 자율주행 관제+기업 홍보+외국 비즈니스+사무공간 등 복합 기능 수행 정밀도로지도 기반 자율주행 관제 플랫폼 미래 모빌리티 센터(243m2)
교통안전	자율주행 전용 표지판(7개소) 및 노면표시(약 3.3km) 신설
편의시설	전기차 충전소, 버스(3면)·승용차(8면) 주차 공간 확보

출처: 서울시

	현대차와 협업 완전 무인 기반 마련
면적	19.2㎢
도로	82km(32개 도로)
지역	상암 DMC, 노을·하늘·난지천·한강·평화의공원 등
주요지역	압구정·논현·역삼·삼성동 등
지역특성	코엑스 등 문화 관광·국제업무 중· 심지
유동인구	약 100만 명 • (추진내용) 전기차 기반 자율주행차 + 택시형 모빌리티 플랫폼 융합
	자율주행차 운행지구 지정 신청(2021년 10월, 국토부)
	교통신호체계 민간과 공유(기존 129개소 ⇒ 180개소), 운송면허 발급 등 지원
자율자동차 플랫폼 실물 공개 (2021년 9월)	  강남 운행 예정 레벨 4 자율주행차　　완전 무인 자율주행차

출처: 서울시

대할 예정이다.

　서울시는 2030년에는 신차 시장의 50%가 자율주행 차량이 될 것으로 보고 인프라 구축을 서두르고 있다. 신호데이터 개방 시스템을 선제적으로 구축함으로써 앞으로 5G 통신망을 활용해 2차로 이상 도로까지 자율주행이 가능하도록 기반을 마련하려 한다. 이에 따라 현재 상암·도심·여의도 지역과 중앙차로 운영도로 597개소에 설치한 자율주행 신호체계는 2026년 2차로 이상 도로 4,600개소로 늘어난다.

심야시간 지역거점 연결 간선 자율주행 버스 도입(2023년~)

- 종로 등 25인승 친환경 전기 자율주행버스 도입(2023년~)
- 중앙버스 전용차로 활용 45인승 대형 자율주행버스 운행 및 실증(2024년~)

※【부천, 고양, 의정부, 구리 ↔ 서울시 도심】

출처: 서울시

심야시간 지역거점을 연결하는 간선 자율주행 버스를 2023년 도입하는 것이 목표이다. 종로 등 중심지구와 부천, 고양, 의정부, 구리 등을 잇는 25인승 친환경 전기 자율주행버스를 도입할 예정이다. 2024년에는 중앙버스 전용차로를 활용한 45인승 대형 자율주행 버스를 운행 예정으로 '2030 서울형 스마트 모빌리티'가 눈앞으로 다가왔다.

서울시가 기대하는 자율주행차 상용화 시대의 효과는 '운전으로부터의 해방, 이동의 자유 실현'이다. 면허가 없고 거동이 불편한 교통약자를 포함해 시민은 누구나 차별 없는 이동의 자유를 누릴 수 있을 것으로 기대한다. 교통소외 지역에서는 부르면 달려오는 온-디맨드 서비스가 유용하다. 운전자는 하루 평균 50분, 연간 12일 이상의 여유시간을 얻게 된다. 교통사고 발생 가능성은 90% 이상 줄어들 것으로 본다.

도시 공간도 바뀐다. 자율주행 상용화는 공유 경제를 활성화해 차 소유를 줄인다. 승용차 소유가 40% 감소할 것으로 본다. 차로도 30% 이상 줄일 수 있어 보행자 중심의 공간을 확대하는 동시에 문

서울시 상암 자율주행 모빌리티 실증

출처 : 서울시

화 공간도 늘어날 것으로 기대하고 있다. 경제적 효과는 통행시간 절감 편익만 1조 5,000억 원에 달하고, 온실가스 배출비용 절감은 8,000억 원이 넘는 것으로 보고 있다.

판교,
자율주행 기업이 모여든다

　판교는 2021년 4월, 국토교통부가 자율주행자동차 시범운영지구로 지정했다. 정식 명칭은 경기도 판교제로시티 자율주행자동차 시범운행지구이다. 판교는 다른 지역보다 첨단기술 수용성이 높다고 평가받는다. 자율주행 판교제로시티의 마스코트는 '제로셔틀'이다. 실제 영상으로 보자.

　판교제로시티의 주축은 자율주행 통합관제센터이다. 주요 인프라와 시설을 관리한다. 자율주행 실증에 대한 통합지원도 센터의 역할이다. 2019년 임시 서비스를 시작으로 2020년 판교제로시티 인근 약 110만m^2의 공간에 10.8 km(제1테크노밸리 7km, 제2테크노밸리 3.8 km)의 자율주행 실증 노선과 이를 운영하

여길 비추세요

자율주행차의 미래 '제로셔틀'

기 위한 인프라를 구축 및 운영 중이다. 실제 도심 환경에 조성된 국내 최초의 자율주행 실증단지이다.

자율주행 통합관제센터는 오픈 플랫폼이 기반으로 기업이 시설을 활용할 수 있다. 데이터도 기업과 공유한다. 차량 자체로만 자율주행하는 스탠드 얼론(Stand Alone) 방식과 인프라 협력 자율주행 기술 모두를 지원한다. 센터가 쌓아온 실적을 영상으로 보자.

젊은 기업가와 미래 기업가의 꿈을 품은 직장인들이 모여 있는 판교에서는 제로셔틀의 사회적 편익을 자전거나 드론보다 높게 평가했다.

제로셔틀 이용을 유료화할 때 얼마를 지불하고 싶은지도 물었다. 셔틀버스 요금은 평균 1,350원(최소 500원~최대 3,000원), 수요대응형 콜서비스는 평균 3,216원(최소 1,000원~최대 10,000원)이라고 답했다. 2020년 연구 용역에 따르면, 자율주행시대 경제적 효과는 경

여길 비추세요

경기도
자율주행센터

기도 안양시 부림동을 기준으로 완전자율주행을 가정할 경우 최대 5억 2,500만 원으로 추정했다. 통근 비용 절감, 통근 방식의 전환, 통근 시간 절약 효과를 합한 수치이다. 판교는 경기도에서도 가장 먼저 그 효과를 증명할 곳으로 기대하고 있다.

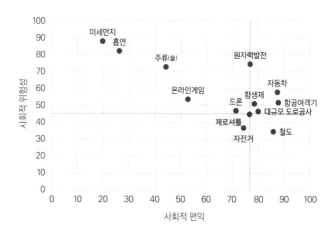

제로셔틀 사회적 편익과 위험성

활동 혹은 기술	사회적 편익	사회적 위험성
제로셔틀	76.9	44.4
원자력발전	76.9	73.7
자동차	87.5	56.9
흡연	26	81.3
주류(술)	44.4	71.5
항공여객기	87.9	51.3
대규모 도로공사	79.7	46.2
자전거	74.3	36.8
철도	85.6	34.1
온라인게임	52.9	52.1
미세먼지	20.3	87.2
드론	71.4	46.3

출처: 경기도자율주행센터

판교 시범운영지구 서비스 계획안

구분	자율주행 서비스
순환셔틀 서비스	· 판교역-경기기업성장센터 순환 노선 · 판교역-제1테크노밸리연계·순환 노선
수요응답형 서비스	· 판교 근무자 및 거주자 중심의 수요응답형 서비스 · 교통 약자 중심의 수요응답형 서비스

출처: 경기도자율주행센터

세종,
스마트 도시 구현에 최적화

    행정수도 세종시는 2012년에 출범했다. 아직 갖춰야 할 인프라와 미개발지역이 많다. 그래서 스마트 도시를 만들기에는 최적의 조건이다. 정부는 2019년 7월 세종시를 자율주행 규제자유특구로 지정했다. 대중교통을 포함해 자율주행차를 시험하고, 2024년까지 상용화 테스트 단계를 거쳐 2025년부터 상용화를 선도한다는 것이 세종시의 로드맵이다. 세종시는 현재 자율주행 실증 단계이다. 대중교통은 간선급행버스, BRT 도로를 활용하고 있다.

    자율주행 시범운행지구에서는 부르면 오는 수요응답형 자율주행 서비스를 시험 중이다. 공원에는 자율주행셔틀이 오간다. 여기에 배달과 코로나19 방역, 보안순찰 로봇까지 서비스 로봇도 시험에 들어갔다. 다양한 실증이 가능한 건 잘 갖춰진 인프라 덕분이다. C-ITS와 정밀지도에 더해 자율주행 빅데이터 관제센터까지 갖췄

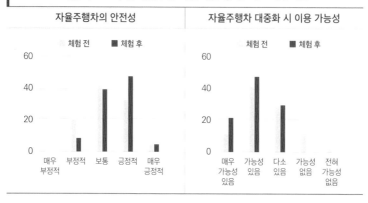

세종시 BRT 구간 자율주행 시민 체험 평가(23명 교육 후 체험)

자율주행차의 안전성	자율주행차 대중화 시 이용 가능성

출처 : 세종특별자치시

고 전용차고지가 들어선다.

　잘 차려진 식탁에 기업이 모이고 있다. 한컴로보틱스는 세종시로 이전했고, 오토노머스에이투지, 에이아이모빌리티, 와토시스를 비롯해 자율주행 유망기업 28개사가 들어왔다. 세종시가 그린 밑그림은 자율주행차에 한정하지 않는다. UAM 시대를 대비해 UAM 버티포트를 구축할 방침이다. 성과가 있는 기업은 공공분야에서 먼저 도입해 활용하는 방식으로 육성책을 내놨다. 대부분 시민이 체험 뒤 호감도가 오르면서 도시 내 자율주행 실증을 직접 접한 시민의 반응도 좋았다. 자율주행이 안전하다는 인식이 더 커졌고 앞으로 이용하겠다는 응답도 늘었다.

　도시 인프라와 시민 의식, 산학 협력까지 거대한 자율주행 테스트베드인 세종시는 자율셔틀 인포테인먼트 시험에 들어갔다. 세종시가 목표하는 블록체인 기반 통합결제 에코시스템은 모빌리티 생태계의 또 다른 축이다. 자율주행 기술뿐 아니라 제반 산업까지 아우른 셈이다. 우리나라에서 완전자율주행 스마트시티를 가장 먼저 구현할 유력 도시 중 한 곳이 세종시이다.

여길 비추세요

세종시
자율주행셔틀

영광,
틈새시장을 노린다

    전라남도 영광군은 어업과 농업이 발전한 고장이다. 1차 산업 위주인 영광군에는 4차 산업 특산품이 있다. 초소형 전기차와 e-모빌리티이다. 2020년 국내에서 초소형 전기차 판매량은 2,000여 대로 2017년도에 비해 3배 가까이 급증했다. 완성차 업체들이 내연기관차 중소형과 경차를 제일 먼저 단종하고 있고 폭스바겐, 테슬라, 스즈키 등 해외 자동차 기업들은 초소형 전기차 생산으로 눈을 돌리고 있다. 초소형 전기차 시장은 투자비가 적은 편이어서 중소·중견기업 중심의 기술개발이 가능하다.

    영광군은 전기자동차 선도도시이다. 환경부가 2011년 전국에서 군 단위로는 유일하게 영광군을 선정했다. 영광군은 소도시, 유인도서, 농어촌 지역에서 저속주행에 적합한 차량을 보급해 주민 편의를 제공하겠다는 모델을 제시했다. 영광군은 2014년 전라남도, 자동차부품연구원(현 한국자동차연구원)과 함께 국내에서는 처음으로 e-모빌리티 클러스터 구축사업을 추진하기 시작했다.

e-모빌리티는 전기로 움직이는 모든 운송수단을 뜻하는 개념이다. 영광군은 이후 중소벤처기업부의 규제자유특구 지정을 신청해 2019년 6월 e-모빌리티 규제자유특구가 됐다. 규제자유특구는 재정지원과 세금감면은 물론, 실증특례, 임시허가, 규제유예와 면제 등이 가능하다.

이런 정책 지원을 발판으로 영광군은 현재까지 고속전기차 500여 대, 초소형 전기차 200여 대, 전기 이륜차 300여 대, 전기 화물차 50대, 개인용 이동수단 300여 대 등 모두 약 1,400여 대의 e-모빌리티를 보급했다. e-모빌리티를 자유롭게 쓸 수 있도록 영광읍내 15.7km 구간에 e-모빌리티 전용도로를 구축 중이다. 2022년 완공이 목표이고 전국 최초이다.

기업 유치에도 적극적이다. 영광군 대마면에 대마전기자동차산업단지(이하 대마산단)를 조성하고 초소형 전기차, e-모빌리티 중심 지구로 지정했다. e-모빌리티 연구센터는 연구소와 각종 성능 평가 장비를 구축했다. 연구개발부터 제품 개발을 지원하고 전문 인력을 양성한다. 환경부 인증과 전자파공인인증시험소 인증, 유럽 TUV-SUD 상호인증자격을 획득해 One-Stop 인증이 가능한 시스템을 구축했다.

앞으로의 주요 과제는 핵심부품 국산화이다. 영광군은 초소형 e-모빌리티 부품 시생산 지원기반 구축사업을 추진 중이다. 현재 초

한국자동차연구원 전남본부 및 실외 테스트베드

출처 : 영광군

소형 e-모빌리티 부품은 해외 의존율이 매우 높다. 다품종 소량생산 구조여서 가격을 낮출 방안이 필요하다. 부품 시 생산 지원센터가 생기면 기업들은 시설·장비를 공동활용해 국산화율을 높이고, 원가를 낮출 수 있다. 국내 e-모빌리티 중소기업들은 중국과의 가격 격차가 30% 이내면 우리나라의 브랜드와 기술력으로 경쟁력을 갖출 수 있다고 본다.

이미 성과는 확인됐다. 영광 e-모빌리티 엑스포는 코로나19 사태로 2020년부터 중단됐지만, 이전 두 해 동안 쌓은 실적이 놀랍다. 1회는 17개국 120개의 기업이 참여해 2,830만 달러의 수출 계약을 체결했고, 2회는 20개국 165개 기업이 참여해 4,837만 달러의 수출 계약을 달성했다. 영광군은 미래 먹거리 창출을 위해 2019년 조직

개편을 단행했다. 이모빌리티산업과를 신설해 정책을 기획하고 엑스포를 열고 산업을 홍보하고 기업을 지원했다.

초소형 전기차와 e-모빌리티의 활용처는 다양하다. 초소형 전기차는 도심형 시티카로 불린다. 한 번 충전해 50~70km 정도 주행이 가능한 단거리 이동수단이다. 각 가정에서 장거리용 차와 함께 세컨드 카 용도로 단거리용 차량을 소유할 수 있다. e-모빌리티는 퍼스트마일과 라스트마일에 가장 적합한 이동수단이다. 영광군은 이같은 산업 육성이 일자리를 공급해 청장년 인구 유출을 막고, 지역경제를 살릴 성장 동력이 될 거라고 믿고 뛰고 있다.

e-모빌리티 산업의 집적화

김준성 영광군 군수

e-모빌리티는 미래 이동수단이자 미래 신산업의 하나이다. e-모빌리티 산업은 전 세계적으로 빠르게 성장하고 있고 국내 시장은 매년 25%씩 성장이 예상되는 유망한 미래신산업으로 떠오르고 있다. 영광군은 대한민국 e-모빌리티 산업의 시작이자, 현 재 e-모빌리티 산업이 집적화된 유일한 지 역이다. 지속적인 사업 추진으로 영광군의 대마전기자동차산업단 지는 e-모빌리티의 연구개발부터 실증, 생산, 홍보, 체험, 판매까지 전주기 과정이 가능한 유일한 지역으로 성장하였다. e-모빌리티 규 제자유특구에 선정돼 사업을 진행 중이며 10개 사업 4천억 원 규모 의 국책사업을 수행하고 있다.

김준성 군수

영광군이 지금의 e-모빌리티 사업을 육성하기까지는 10여년의 시간이 필요했고 신산업에 대한 불안감, 새롭게 e-모빌리티 산업을 육성하는 다른 지자체와의 경쟁, 많은 초기 비용 투입 등의 어려움을 겪어 온 것도 사실이다. 하지만 정부, 전라남도의 뒷받침 아래 영광군이 지속적으로 e-모빌리티 산업 발전을 위해 노력한다면, e-모빌리티는 향후 영광군의 미래 산업으로 관내 기업 유치, 신규 일자리 창출, 인구 유입, 중소기업 생태계 구축 등 지역경제 활성화에 크게 기여할 것으로 보인다.

부산,
국제도시에 걸맞는 준비

2021년 8월 부산연구원은 부산에 자율주행 도입이 시급하다고 지적했다. 2030년 월드엑스포 유치를 위한 도시 이미지를 위해 자율주행은 필수라는 논리였다. 자율주행 도시를 지향하는 건 국제적인 행사를 유치하는 도시라면 선택할 수 있는 문제가 아니라는 얘기이다. 연구원은 부산의 에코델타 스마트시티에 2022년 1차 자율주행 테스트베드를 구축한다는 계획에 맞춰 자율주행 시범운행지구 지정을 서둘러야 한다고 밝혔다.

또, 연구원은 부산이 왜 자율주행을 선도해야 하는가에 대해 국내 대도시 가운데 처음으로 초고령사회에 진입했다는 점을 들었다. 부산은 2021년 고령인구가 인구의 20% 이상을 차지하는 초고령사회가 됐다. 전국적으로는 2025년 초고령사회 진입이 예상된다. 고령자는 운전하기 어렵기 때문에 자율주행차 활성화를 통해 고령자의 이용편의를 서둘러야 한다고 주장했다.

부산 자율주행의 메카는 에코델타 스마트시티이다. 부산 강서구
와 강동동, 명지동, 대저2동 일원에 2023년까지 스마트시티를 조성
한다. 에코델타 스마트시티를 중심으로 3단계 테스트베드가 제공될
예정이다. 2022년 스마트시티 내 주요 지점 7.5km, 2027년부터 스
마트시티에서 김해신공항까지 셔틀 10km, 2030년부터 스마트시티
와 부산 원도심 셔틀 12km를 운영한다는 계획이다. 관광 수요도 많
은 부산인만큼 관광형 셔틀도 유력하다.

제주,
자율주행 메카로 도약

    통신기업 KT는 2018년 제주도에서 차세대 지능형 교통체계 실증 사업을 시작했다. 자율주행차에 실시간으로 주변 교통상황, 노면과 기상 정보를 제공하고, 낙하물과 교통사고 등의 위험 경고를 전달할 시스템을 이미 마련했다. 2020년 5월부터 제주공항과 신광로터리 구간을 오가는 자율주행 버스는 도민과 관광객을 대상으로 무료로 자율주행을 체험해볼 수 있게 하고 있다.

    2020년 11월 국토교통부가 자율주행차 시범운행지구 지정심의위원회에서 제주를 자율주행차 시범운행지구로 선정했다. 제주는 연평균 관광객 1,500만 명이 찾는 국내 대표 관광지이다. 2020년 5월부터 6,000회 이상 자율주행 무료 시승 서비스를 도민과 관광객을 대상으로 제공한 결과, 탑승 뒤 만족도는 5점 만점에 4.9점으로 나왔다.

제주도는 2021년 4월 제주형 자율주행 서비스 플랫폼 도시 구축 계획을 수립했고 2026년 서비스 상용화가 목표이다. 서울대 미래 모빌리티센터 제주분소가 2021년 문을 열고 자율주행 서비스 실증 데이터가 축적되면 제주에 맞는 자율주행차 서비스 중장기 로드맵이 수립될 전망이다.

제주 자율주행차 시범운행지구 지정 구간은 제주공항에서 도령로와 노형로, 평화로를 거쳐 한창로, 중문관광단지를 연결하는 38.7km 구간과 중문관광단지 내 약 $3km^2$ 일대 구간이다. 해당 평화로 구간은 하루 평균 5만 5,000대 차량이 통행하는 도내 교통 수요가 가장 높은 도로이다.

제주도는 자율주행 시범운행지구 내에서 내년까지 자율주행차 서비스 실증을 추진한 뒤 시범운행지구를 확대할 계획이다. 제주첨단과학단지와 서귀포혁신도시, 신화역사공원 등이 확대 예정 지역이다. 제주도는 렌터카 수요가 커서 공유차를 시험하기에도 최적의 조건을 갖추고 있어 기대가 크다.

여길 비추세요

자율주행 버스

민간이 주도하는데
법제도는 미성숙

    서울시의 싱크탱크 서울연구원은 서울시의 스마트 모빌리티 주요분야에 대한 전문가 진단을 진행했다. 설문조사는 2021년 4월 일주일 동안 진행했고 교통분야 대학과 연구기관, 관련 기업에 재직 중인 전문가 20인의 의견을 모았다. 자율주행차는 물론 UAM과 택배로봇, 드론택배, 차량 공유, 승차 공유, 모빌리티 허브 등을 총망라한 조사였다. 스마트 모빌리티가 서울시 도시환경에서 수용 가능한가, 국내 기술 수준은 현재 어떤가, 운영기술 수준, 법제도 정비 수준을 중점 평가해봤다. 해외 도시와 비교해 앞으로의 핵심과제도 물었다.

    서울시 스마트 모빌리티 도입수준에 대한 평가결과는 7점 만점에 3.7점이었다. 요소별 평가를 보면, 스마트 대중교통과 퍼스널 모빌리티가 비교적 우수한 평가를 받았고, UAM과 택배로봇 등은 평

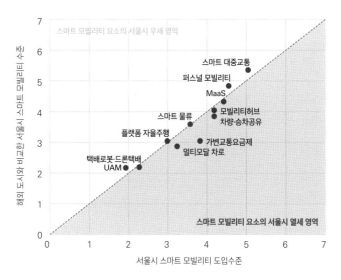

스마트 모빌리티 요소별 해외 도시와의 상대평가 점수 및 절대평가 점수 비교

출처: 서울특별시 지속가능한 서울시 스마트 모빌리티 체계 구축방안 연구

균 수준에 한참 못 미쳤다. 자율주행과 스마트 물류 플랫폼 역시 아직은 부족했다.

　스마트 대중교통과 퍼스널 모빌리티는 4가지 요소 모두 우수하다. 서울시 대중교통 수단과 노선의 다양성, 편리성에서 좋은 평가를 받았다. UAM은 도시환경 4가지 요소 모두 열악하다. 아직 기술개발이 초기 단계이고, 관련 인프라가 갖춰지지 않아 도시 환경의 수용성은 낮은 것으로 평가됐다. 택배로봇과 드론택배는 법과 제도의 정비 수준이 열악한 것으로 평가받았다. 평가 요소를 해외 도시와 비교하면 열세 영역이 더 명확히 드러난다.

다음 분석을 바탕으로 전문가들이 문제점을 진단했다. 크게 7가지를 꼽았다.

›› 1. 이해 관계자 갈등

전문가 20인이 지적한 문제점 중 가장 큰 부분은 바로 정부의 관련 법·제도 개정 및 인프라 제공이 필요하다는 점이다. 앞서 미국과 중국, 유럽의 사례에서 볼 수 있듯이 해외 선도국은 물론 후발주자국 모두 정부가 전폭적인 지원에 나서고 있다. 민간 주도로 진행한다 해도 법과 제도가 갖춰지지 않으면 기업에서는 변수가 많아진다. 전문가들은 민간 서비스의 활성화와 공공성 확보를 위해 제도 개선과 핵심 인프라 제공이 필요하다고 지적했다.

새로운 이동서비스의 등장에 따라 신구 산업 간의 갈등이 발생할 경우 이를 해결할 정책 방안을 마련하는 것도 정부의 역할이다. 대표적으로 카카오 카풀, 타다 등의 새로운 모빌리티 서비스와 택시업계의 갈등을 들 수 있다. 새로운 서비스가 위축되는 방향으로 결론이 나면 다른 기업도 도전적으로 새로운 서비스 제공에 나설 수 없다. 앞으로 공공의 역할 재정립과 조정방안이 요구된다고 볼 수 있다.

›› 2. 한정된 인프라 활용

자전거 도로가 한 예가 될 수 있다. 자전거 도로를 활성화한다고 했지만 인도를 침범하니 다니는 사람이 불편했다. 자동차 도로 가장자리에 자전거 도로를 그려놓으니 이젠 자전거를 타고 다니는 사람이 불안하다. 한정된 도로, 즉 한정된 인프라를 갖고 새로운 이동 수단이 등장할 때 이용 공간에 대한 규정이 불명확하고 이용 방식이 혼재돼 있다면 결국 이용자 사이에서 갈등이 발생할 수밖에 없다.

전문가들은 현재는 시설별, 수단별로 법·제도가 수립되고 이에 따라 개별 인프라가 운영되고 있어 다양한 용도로 활용되기 어렵다는 한계가 있다고 지적한다. 이에 앞으로 다양한 수단이 지속적으로 등장하고 소멸될 것이기 때문에 인프라에 대한 관점을 시설별, 수단별 접근에서 기능별, 용도별 접근으로 전환해야 한다는 것이 핵심이다.

›› 3. 자율주행차·배터리·UAM 등 혁신기술 실현시점 지연

한국과학기술기획평가원에서 5년마다 실행하는 과학기술예측조사 보고서를 살펴보면 세계적인 핵심 기술의 실현연도가 지연되고 있다. 장밋빛 전망보다는 기술 실현 시점에 대한 심층조사를 선행해야 한다. 물론 가변성이 내재된 장래 여건을 고려하여 합리적인 로드맵 수립이 필요하다.

과학기술예측조사 기술 실현 연도 비교

구분	제4회 과학기술예측조사(2012)			제5회 과학기술예측조사(2017)	
	미래 기술	기술적 실현연도	사회적 보급연도	미래 기술	기술적 실현연도
자율 주행차	운전자의 상태(졸음운전, 심장마비 등)를 체크하여 경고하거나 필요시 스스로 비상주차하는 자동차	2018	2019	기종점 간 운행이 가능한 자율주행 자동차	2029
	주변 상황을 스스로 인식하여 목적지까지 안전하게 운전할 수 있는 자율주행 자동차	2022	2024		
	도로의 형태(커브, 경사 등), 상태(접지력 등) 및 도로의 성격에 따라 차량의 속도가 자동으로 조절되는 기술	2019	2022		
도로 및 운영	도로 인프라와 차량 간 쌍방향 통신과 신호자동제어를 통해 도시 내 교통흐름을 최적화하는 관제 시스템	2018	2020	실시간 노면 상태 파악 및 차량 제어 기술	2024
	항공, 도로, 해상교통시스템의 환승 최적화를 위한 수송 인프라 기술	2019	2023	교통시설 유지관리지원 로봇 기술	2026
	시속 600km 이상 육상수송시스템	2023	2029	3차원 교통네트워크 시스템 및 운영기술	2030
친환경	온실가스를 배출하지 않는 탄소 제로 도시	2023	2024	장거리 주행을 위한 고효율 고용량 전기자동차 배터리 기술	2025
	한 번 충전으로 1,000km 주행이 가능한 중형(2,000cc급) 전기자동차	2020	2023	전기자동차용 자동 무선충전 주차장	2025
	전기자동차를 위한 아파트 지하주차장용 안전 BMS(Battery Management System)일체형 충전스테이션 기술	2018	2019	연료전지 자동차용 on-site 수소 생산 및 충전 인프라 구축 기술	2025
항공	수직 이착륙 및 자유자재 기동이 가능한 개인용 비행체 기술 (PAV)	2023	2027	개인용 자율비행 항공기	2029
				장거리 비행이 가능한 운송용 고속 복합형 헬리콥터	2029
물류	RFID 또는 이와 유사한 센서를 활용하여 물류를 자동으로 인식하고 위치추적이 가능한 물류시스템	2015	2018	지하공간 및 건물 내 공동구를 활용한 소형화물 자동운송 시스템	2027

출처: 한국과학기술기획평가원(2012), 한국과학기술기획평가원(2017)

》 4. 미성숙한 법·제도

스마트 모빌리티 도입을 위해 제도를 마련할 때, 일부 사안은 법 개정이 필요하거나 추진 근거가 신설돼야 하는 등의 문제가 발생한다. 이에 따라 앞으로의 추진 일정이 늦어질 우려가 큰 경우가 다수 발생한다. 따라서 분야별 기술 로드맵을 고려하여 관련된 법과 제도 기반을 마련해야 한다고 전문가들은 주장한다.

중앙정부는 물론 지자체로서는 시민의 안전과 기술의 발전 모두를 고려할 수밖에 없다. 그러다 보면 새로운 기술을 받아들일 때, 선도적으로 나서기 어렵다. 사고가 날 경우 이를 허가한 책임을 져야 하기 때문이다. 과연 리스크 없이 새로운 기술에 대한 도전이 가능할까.

》 5. 해외 도시보다 열악한 스마트 모빌리티 요소

전문가 설문조사에서 택배로봇과 드론택배(2.3), 자율주행(3.0), 스마트 물류 플랫폼(3.6)이 열악한 것으로 진단됐다. 특히 해외 도시와 비교하면 가변요금제와 멀티모달 차로, 차량 및 승차공유, 모빌리티 허브 도입 수준은 상대적으로 열악한 것으로 평가됐다. 해당 분야에 대한 정책적 지원방안이 있어야 상대적으로 열세인 분야에서 빠르게 산업군을 키워나갈 수 있다.

》 6. 평면적인 교통수요관리

스마트 환경이 성숙됨에 따라 교통수요관리 또한 데이터 기반으로 고도화해야 한다는 지적이다. 기존에는 세부적인 측정과 데이터 수집이 어렵다는 이유로 시간대별, 이용자별 특성을 고려하지 않고 평균적인 이용요금을 부과하고 있다. 서울시에서 교통수요관리를 위해 시행하고 있는 대표적인 제도는 교통유발부담금 부과, 기업체 교통수요관리, 남산터널 혼잡통행료 징수 정도다. 대중교통을 중심으로 다양한 이동서비스를 결합해 통합이동서비스(MaaS)를 고도화하여 대중교통 중심의 교통체계로 성공적으로 전환하기 위해서는 승용차 교통수요관리를 필수적으로 병행해야 한다고 전문가들은 보고 있다.

» 7. 기술개발 중심의 로드맵

스마트 모빌리티 분야의 로드맵은 대체로 이동수단 개발, 플랫폼 운영 중심의 기업 차원의 로드맵에 국한된 사례가 일반적이라는 지적이 나왔다. 유럽처럼 지속 가능한 도시교통정책 수립을 위해서는 분야별 기술 로드맵을 도시의 맥락에서 이해해야 한다. 도시의 맥락, 즉 도시 전체의 그림을 그리는 서울시가 주도적으로 시행할 수 있는 이동수단 도입, 인프라 구축, 플랫폼 운영 등의 도시교통 관점의 로드맵 수립을 전문가들은 요구했다.

WHO는 교통사고의 95%가량이 사람의 잘못으로 일어난다고 본다. 스웨덴은 1997년 일찌감치 누구도 교통사고로 목숨을 잃거나 평생 장애를 갖고 살아가지 않게 하겠다며 '비전 제로'를 선포했다. 완성차 업체들이 자율주행 기능이 제한적인 차를 시장에 쏟아내고 있을 때 스웨덴의 완성차 업체 볼보의 CEO 하칸 사무엘손의 말은 의미심장하다. 사무엘손은 2019년 "볼보뿐 아니라 모든 완성차 업체들은 책임을 지지 않으면 자동차 역사상 최고의 구세주가 될 (자율주행) 기술을 죽이게 된다"라고 했다.

글로벌 컨설팅업체 KPMG가 매년 발표하는 자율주행차 도입 준비 지수Autonomous Vehicles Readiness Index, AVRI를 보자. 2020년 싱가포르가 전년도 2위에서 1위로 올라섰다. 1~6위 국가를 보면 전년도 같은 순위대에 포진했던 곳들이다. 싱가포르가 1위에 오른 비결은 교통 소비자 수용성이나 법, 제도 측면에서 높은 점수를 받았기 때문이다. 한국의 순위는 어떨까. 13위에서 2020년 7위로 껑충 뛰어올랐다. 우수한 정보통신기술로 인프라 부문에서는 2위를 차지했다. 이용자 수용성 부문에서는 2019년 대비 9단계 상승한 10위로 올라섰다.

특히 4G 커버리지 부분에서는 1위를 차지하면서 인프라 부분에서 우수한 점수를 받았다. 기술과 혁신 부분에서는 7위, 정책과 법, 제도 부분에서는 정부의 방향성과 변화에 대한 정부의 준비태세 등이 낮은 점수를 받아 16위에 그쳤다. 정부의 발빠른 대응이 필요하다.

자율주행차 도입 준비 지수 상위 20위 국가

국가	2020 순위	2019 순위	2020 점수
싱가포르	1	2	25.45
네덜란드	2	1	25.22
노르웨이	3	3	24.25
미국	4	4	23.99
핀란드	5	6	23.58
스웨덴	6	5	23.17
한국	7	13	22.71
아랍에미리트	8	9	22.23
영국	9	7	21.36
덴마크	10	-	21.21
일본	11	10	20.88
캐나다	12	12	20.68
대만	13	-	19.97
독일	14	8	19.88
호주	15	15	19.7
이스라엘	16	14	19.4
뉴질랜드	17	11	19.19
오스트리아	18	16	19.16
프랑스	19	17	18.59
중국	20	20	16.42

출처: KPMG, 2020, 2020 Autonomous Vehicles Readiness Index

세계 스마트 모빌리티의
수도를 꿈꾸는 서울

1978년 공사 중인 강남고속버스터미널

1975년 서울고속버스터미널이 문을 열었다. 아무것도 없던 허
허벌판에 호남선만 운행하는 2층짜리 초라한 건물이 터미널의
전부였다. 혹자는 이런 곳에 왜 터미널을 지었냐며 비판하기도
했다. 하지만 1981년 경부선 신설과 함께 지상 10층짜리 건물
이 완공되며 오늘날의 모습을 갖췄고 모든 것이 바뀌었다.

서울고속버스터미널은 수도 서울의 급격한 성장을 상징했다. 새로운 서울, 강남은 터미널 일대를 중심으로 발전하기 시작했다. 수많은 사람들이 터미널을 오갔다. 전국의 모든 곳이 터미널을 통해 연결됐다. 서울역과 함께 서울고속버스터미널은 서울과 대한민국 교통 체계의 정점이었다.

광복 이후 서울은 급격히 팽창했다. 1945년 136km^2에 불과했던 면적은 불과 20년 만에 613km^2로 4.5배 가까이 증가했다. 다양한 이름으로 불렸던 여러 지역들이 '서울'이라는 울타리 안으로 들어왔다. 한반도 최초의 초거대도시, 서울의 탄생이었다.

서울 역시 세계의 많은 대도시들이 겪은 스프롤^{sprawl} 현상을 피해 갈 수는 없었다. 그때그때 필요에 따라 난개발이 횡행했다. 건물은 통일성 없이 여기저기서 솟아올랐고 그 사이에는 도로가 무질서하게 배치됐다. 그 결과 환경오염과 교통난 등 대도시에서 발생할 수 있는 문제들이 한꺼번에 터져 나오기 시작했다. 서울은 한반도 최초의 초거대도시였지만 동시에 역사상 가장 많은 문제를 안고 있는 도시이기도 했다.

천만의 발,
미래에 올라타다

　대한민국 교통 체계의 정점에 서 있던 서울의 문제는 곧 전국의
문제로 퍼지기 시작했다. 도시화가 진행되는 모든 지역은 서울과
비슷한 문제를 겪기 시작했다. 이 시점에서 수도 서울이 해결책으
로 스마트 모빌리티를 내놨다.

　스마트 모빌리티는 현재 구축된 지능형교통체계
　에서 한발 더 나아간 개념이다. 빅데이터와 AI, 5G 초고속 통신
망 등 4차 산업혁명에 따른 신기술들이 기존 교통 시스템에 편입되
거나 아예 새로운 교통 시스템을 창조한 결과물이다.

　기존의 지능형교통체계가 △사고 후 처리 △교통시설 △중앙화
△유선통신 △공공부문 등에 초점을 맞춰 구성됐다면 스마트 모빌
리티는 이와 반대로 △사전 예방 △교통수단·이용자 △탈중앙화(분
산화) △무선통신 △공공·민간 협력에 초점을 맞추고 있다.

스마트 모빌리티를 구축하면 운송수단, 시스템 등 교통의 전 분야에서 새로운 요소들이 등장한다. 그 가운데서 서울시가 추구하고 있는 스마트 모빌리티의 구체적인 요소 11개는 다음과 같다.

서울시 스마트 모빌리티 전략 요소

스마트 모빌리티 요소	정의
퍼스널 모빌리티	• 퍼스/라스트 마일 구간을 이동하는 개인 이동수단
스마트 대중교통	• 스마트 모빌리티 수단을 포용하는 대중교통
차량 공유/승차 공유	• 차량을 탑승자에게 연결해주거나(차량 공유), 운전자를 탑승자에 연결해 주는 서비스(승차공유)
가변교통요금제	• 친환경차의 배기량과 개인별 주행거리를 고려한 자동차세 개편
UAM	• 전기동력의 수직이착륙 항공기로 도심 하늘을 이동하는 차세대 모빌리티
멀티모달 차로	• 다양한 저속 교통수단이 안전하고 편리하게 공유하는 포용적인 가로변 통행로
모빌리티 허브	• 다양한 교통수단과 서비스를 연계하여 사회경제 활동을 지원하는 지역 내 거점시설
스마트 물류 플랫폼	• 기업 중심의 대량수송 물류체계가 아닌 생활밀착형 친환경, 자동화 물류체계
택배로봇/드론택배	• 드론택배: 조종자가 탑승하지 않은 상태로 항행하는 비행체
자율주행	• 도로환경 및 다른 차량의 운행 정보를 수집해 운전자 조작 없이 운행하는 자동차 및 자동화된 도로운행 환경
MaaS	• 모든 운송수단을 통합한 플랫폼서비스 (예약/요금결제 등)

출처: 서울시, 2021.6, 지속가능한 서울시 스마트 모빌리티 체계 구축방안 연구

이를 기반으로 서울시는 첫 번째로 유연하고 확장된 연계성을 갖는 대중교통체계, 두 번째로 다양한 교통수단을 포용하는 도로,

세 번째로 공중과 지상, 지하를 실시간으로 연계하는 교통운영체계, 마지막으로 무인화, 친환경 기반의 물류체계를 구축하고자 한다.

첫 번째로 새로운 대중교통체계의 가장 큰 이슈는 지상(혹은 지하)끼리만 연결됐던 2차원 교통에 '공중'을 더한 3차원 교통으로 바꾸는 것이다. UAM 도입으로 비행의 대중교통화를 구축하는 것이 핵심 과제이다. 또한 자율주행에 기반한 혁신도 주요 이슈이다. 이용객들의 수요를 파악해 실시간으로 노선을 변경하는 DRT 시내버스 등이 대표적인 사례로 꼽힌다.

두 번째로 도로체계의 변화는 개인 이동수단의 활성화와 자율협력주행 상용화 지원에 초점을 맞춘다. 개인 이동수단은 기존의 자가용이 아닌 대중교통과 목적지(집, 학교, 회사 등) 사이를 메꿔주는 퍼스널 모빌리티이다. 공유 자전거, 공유 킥보드 등이 이에 해당한다. 자율주행차의 안전한 운전을 돕는 자율협력주행 지원은 도로 위 대중교통 인프라를 중앙버스전용차로 중심으로 개편하고, 도로의 기타 인프라도 일반 승용차의 자율주행을 돕기 위해 재정비하는 작업을 포함한다.

세 번째로 교통운영체계의 스마트화는 첨단수요관리 도입, 3차원 교통운영체계구축, 통합운영 데이터 활용 등 세 가지 영역으로 이뤄져 있다. 현재 일괄적으로 부과되는 도심 내(승용차 기준) 교통요금을 실제 주행거리 기반으로 개편해 부과하는 것이 가장 큰 변화이다. 이외에도 자율주행차 시대에 맞춰 주차장 기능을 전환하고, 통합관제센터를 구축해 민간 교통데이터를 수집하고, 관리하는 등의 작업이 필요하다.

 마지막으로 물류체계 혁신은 '친환경-무인 공급사슬의 도시 물류 전환'이 핵심적인 이슈이다. 현재 100% 인력을 동원해 이뤄지는 물류 시스템의 일부 혹은 전부를 무인화하는 것이 목표인데, 이를 위해 전용 통행로 확보와 지하물류 체계 구축 등이 주요 내용으로 꼽힌다. 이외에도 상업용 차량을 대상으로 한 친환경 대책 수립, 도로공간의 가변적 운영을 통한 심야 작업 공간 조성 등이 필요한 내용으로 언급된다.

자율주행,
시간을 만들어내다

개인용 자동차가 보급된 이래 운전을 하는 시간은 곧 죽어 있는 시간이었다. 운전자는 두 손은 운전대에 시선은 전방에 고정하며 단순하고 지루한 시간을 보냈다. 하지만 자율주행 기술의 발전은 이러한 죽은 시간의 부활을 예고했다. 서울시 자율주행 로드맵의 캐치프레이즈 역시 '이동의 시공간을 생활의 시공간으로 전환'이다.

자율주행차가 되살리는 시간은 얼마나 될까? 인텔에 따르면 자율주행차가 일반적으로 사용되는 2045년이 되면 전 세계에서 가장 인구가 많은 50개 도시의 시민이 2억 5,000만 시간을 절약할 것으로 내다봤다. 경제적인 가치로 따지면 7조 달러 이다.

가장 먼저 추진되는 것은 DRT(Demand Responsive Transport) (수요응답형) 자

---

* Intel&Strategy Analytics, 2017, Accelerating The Future The Economic Impact Of The Emerging Passenger Economy

서울시의 DRT 자율주행 유형		
유형	노선 및 정류장 운영방식	내용
유형 1	고정 노선, 고정 정류장	승객이 있는 정류장만 정차
유형 2	가변 노선, 고정 정류장	고정된 위치(버스정류장) 배회
유형 3	가변 노선, 가변 정류장	정밀지도 기반 운영 인프라 필요

율주행이다. DRT 대중교통의 경우 이미 중국 항저우에서 지난 2017년부터 운행 중이다. 탑승객 빅데이터를 분석해 현재 가장 많은 승객이 필요로 하는 노선을 매 순간 정한 뒤 운행하는 버스 시스템이다.* 서울시의 DRT는 여기에 자율주행을 접목시키는 것인데, 운영 방식은 아래와 같이 3가지로 나뉜다.

첫 번째 유형은 가장 기초적인 DRT 자율주행이다. 정해진 노선을 버스가 움직이고 정차하는 등 기존 버스와 같은 움직임을 보이지만, 승하차 승객이 없는 정류장은 멈추지 않고 바로 지나가는 방식이다. 현재 국내 자율주행차의 기술이 특정 상황에서만 운전자 개입이 필요한 단계에 도달했으니 이 유형은 조만간 도입될 것이란 예측이 나온다.**

두 번째 유형은 정해진 정류장을 유동적으로 움직이는 방식이다. 진정한 의미의 수요 응답형 자율주행이라고 할 수 있는데, 첫 번째

---

* 〈아주경제〉, 2018, "22명만 원하면 달린다" 중국 항저우가 선보인 '빅데이터 버스'

** KDB미래전략연구소, 2020, 자율주행차 국내외 개발 현황

서울 시내의 중앙버스전용차로 정류장

유형보다 더 최적화된 경로를 따라 버스가 움직일 수 있어 더욱 효율적이다.

　세 번째 유형은 노선과 정류장 모두 정해진 것 없이 유동적으로 움직이는 자율주행 버스이다. 사실상 택시에 가까운 형태라고 볼 수 있는데, 현재는 대중교통이 열악한 일부 농촌 지역에서 이와 같은 DRT가 유인 으로 운영되고 있다. 여주시에서는 주민들의 통행 시간이 최대 절반까지 감소한 것으로 조사됐다.* DRT 자율주행과 시민들의 수요를 즉각적으로 통합하고 분석할 수 있는 고도화된 처리 시스템이 필요하기 때문에 단기적으로 도입하긴 어렵다는 분

---

* 지민경·김용철. 2018. 지방자치단체의 대중교통 소외지역 수요응답형 교통수단(DRT) 제도 도입에 따른 모형 및 기여도 분석

석이다.

아무리 DRT 자율주행의 기술이 진보하더라도 이를 운영할 수 있는 환경이 조성되지 않는다면 결국 공염불에 그칠 것이다. 그래서 이와 함께 추진되는 것이 자율주행 서비스 주행 공간 설정 계획이다.

물론 현재 서울의 도로 상황을 고려했을 때 자율주행 서비스 공간의 전면적인 도입은 어렵다. 그래서 선택한 것이 바로 중앙버스전용차로다. 지난 2004년 처음 개통한 중앙버스전용차로는 단일한 교통수단(버스)만 다니고, 미리 정해진 노선들로 연결돼 있어 통제가 용이하기 때문이다. 서울시는 중앙버스전용차로에 자율주행버스를 도입하고 이를 일반 차로의 자율주행버스, 최종적으로는 일반 차로의 일반 자율주행 차량으로 확대한다는 방침이다.

이 자율주행 서비스 공간은 초기에는 일반 차량의 공간과 부분적으로 혼재될 수밖에 없다. 당연히 원활한 자율주행이 어렵기 때문에 전문가들은 결국 자율주행 도로와 일반 도로가 분리되는 방향으로 진행될 것으로 예측된다. 또한 자율주행 전용 도로에는 자율주행 차량의 인지 성능을 향상시키기 위한 특수한 차선 표시, 도로표지, 기타 구조물 교통상황정보를 수집할 수 있는 각종 설치물, 정밀지도를 구축하기 위한 시스템, 운영센터 등이 구축될 것으로 예상된다.

---

* 국토연구원, 2017, 자율주행시대에 대비한 첨단도로 인프라 정책방안

자율주행자동차 시범운행지구 확대 방안

구분		상암(2021년)	강남(2022년)	여의도(2024년)
인프라	정밀지도	◯	✕	◯
	교통신호	◯ (전 구간 완료)	△ (120개소 완료)	△ (21개소 완료)
	도로위험 (보행자 감지등)	◯	✕	✕
	5G 통신	◯	◯	◯
모빌리티 (이동서비스)		· 순환버스 · 수요응답 공유차량 · 화물운송	· 순환버스 · 지역택시	수요응답
참여기업		스타트업 (7개 기업)	현대차 등 2~3개 기업	스타트업 (1개 기업)

출처: 서울시

2021년 10월부터 자율주행버스를 시범 운행하는 상암을 시작으로 종합적인 자율주행 테스트를 강남과 여의도 등 주요 도심으로 확대하고, 이들 지역에서는 승용차 수요를 자율주행버스와 각종 공유 모빌리티 수요로 전환해 교통정체에 따른 사회적 비용 감소를 시험해볼 계획이다.

위와 같은 단기 계획을 바탕으로 2030년까지 서울 도심부터 외곽까지 연결하는 간선 기능의 자율주행버스 시스템을 구축할 뿐만 아니라, 청소나 순찰·제설과 같은 도시 관리 차량들도 전면 자율주행화한다는 목표이다.

또한 일반 차량도 2026년까지 약 8,240km의 도로를 자율주행이 가능한 도로로 개편하고, 민간과 협력해 자율주행에 필요한 3D 정밀지도를 구축하기로 했다. 설령 자율주행 차량 기술의 발전 속도가 예상보다 더디다고 하더라도 도로 시스템을 통해 이를 보완한다는 구상이다.

서울시는 도시 내 자율주행이 전면 도입된다면 통근 시간을 절감하는 것만으로도 약 1조 2,500억 원의 효과가 있을 것으로 보고 있다. 여기에 차량운행 비용 절감 효과가 6,615억 원, 온실가스 배출 비용 절감 이용이 1,688억 원으로 약 2조 원의 경제적 효과를 예상한다.

금기의
영역을 여는 UAM

시민들에게 서울의 하늘은 금기의 영역이었다. 드론과 같은 비행물체를 날리는 것은 고사하고 높은 곳에 올라가 사진을 찍는 것도 함부로 할 수 없었다. 하지만 이제 하늘이 시민들의 품으로 돌아올 준비를 하고 있다. UAM의 도입이 본격적으로 논의되고 있는 것이다.

서울시 UAM 추진 전략의 첫 번째 단계는 기술의 영역이 아니다. 시민들이 호응이 없는 대중교통은 의미가 없는 것이기 때문에 UAM 자체를 시민 사회가 받아들일 수 있도록 만드는 사회, 문화적 공감대가 형성돼야 한다.

이를 위해 서울시는 엑스포 등 관련 행사를 개최하고, 2020년에는 드론택시 비행을 실증하며 시민들에게 UAM에 대한 안전성과 필요성의 공감대를 확산시키는 데 힘쓰고 있다.

2020년 11월 시범 비행 중인 서울의 드론택시

출처: 서울시

또한 UAM의 활성화를 위해 전문 인력을 양성하는 일도 시작한다. 항공분야 대학과 협력해 관련 학사 과정을 개설하고, 양성된 인력을 그대로 서울시의 UAM 시스템에 편입시키는 등의 일이다. 또한 기업들과도 협력해 UAM의 현실화를 앞당기기 위해 기업 간 교류 등 지원 활동을 펼칠 계획이다.

UAM 시스템이 실제 작동할 수 있도록 법과 제도적 기반을 구축하는 일도 필요하다. 가령 현행법상 국내에서 상업용 드론은 고도 150m(비관제공역 기준) 이하에서만 운용이 가능하다. 수많은 고층 빌딩이 밀집된 서울에서는 턱없이 부족한 높이일 수밖에 없다. 하지만 300~600m 높이까지 UAM이 운항할 경우 헬기 등 기존 유인

항공기와 운항고도가 겹쳐 안전 문제가 발생할 수 있다.[*]

이를 해결하기 위해 서울시는 중앙정부 및 국회와 협의하여 드론법과 관련한 시행령을 만들고, 구체적인 운영을 위한 드론 조례를 제정할 계획이다. 또한 현재 국토교통부가 가지고 있는 드론 관련 각종 승인 권한을 서울시 등 지방자치단체로 위임하는 논의를 구상 중이다.

스카이포트와 관련한 기준도 마련한다. UAM과 마찬가지로 스카이포트 역시 관련한 기준이 마련돼 있지 않은 상태이다. 스카이포트의 전체적인 구조, 충전 방식, 안전장치 등에 대한 인허가 규정을 세우는 것이 우선이다. 또한 스카이포트를 지원할 수 있는 (주차장, 도로 등) 도시계획시설 기준을 수립하고 정비하는 작업이 필요하다.

실질적인 운항은 물류 수송부터 시작할 것으로 보인다. 유인 운송보다는 물류 수송이 비교적 안전 요구 수준이 낮기 때문에 더욱 빠르게 개발하고 도입할 수 있기 때문이다. 또한 화물 수송을 통해 운항 데이터를 확보하고, 안전성을 평가할 수 있을 것으로 기대된다. 대중의 수용 측면에서도 심리적 장벽이 낮은 화물 수송부터 시작해 유인 운송으로 확대하는 것이 더 바람직하다는 평가가 나온다.

이런 단기적인 계획을 바탕으로 2024년 이후부터는 실제적인 스카이포트 구축이 이뤄질 계획이다. 주요 역사, 터미널, 공영주차장

---

[*] 하이투자증권, 2020, UAM, 3차원 길을 연다

을 복합적으로 개발하는 방안이 추진 중이다. 충전 장치 등 다양한 지원 시설이 필요한 광역 스카이포트는 주요 역사와 터미널을 개발하고, 단순 이착륙장만 포함하는 간선 스카이포트는 공영주차장 복합 개발을 통해 구축 가능할 것으로 분석됐다.

서울시는 간선 스카이포트 설치가 가능한 지역을 검토하기 위해 야외 공영주차장 중 면적 기준으로 상위 15%(75개소)를 선정했다. 선정된 주차장들에 대해서는 지역별 비행 가능성, 다른 교통과의 연계성 등을 종합적으로 분석할 예정이다.

기존 공항과의 연계도 추진된다. 김포와 상암, 여의도, 강남 등 도심 3곳을 연결하는 노선을 개설하고 다른 도심 지역으로 차츰 넓혀간다는 계획이다. 주요 거점으로는 여의도와 용산, 서울역, 청량리, 사당, 양재 등이 거론되고 있다.

UAM을 집중적으로 관리하기 위한 조직도 신설된다. 서울시 산하에 서울 항공국(가칭)을 설치한다는 계획인데 버스, 지하철 등 다른 교통수단과 도로, 주차, 신호 등 교통 기반시설을 UAM과 종합적으로 관리하는 3차원 통합관제센터가 함께 구축할 것으로 보인다.

지방항공청과 국토교통부와의 업무 분담도 필수적이다. 서울 항공국은 UAM 관제, 유관기관과 관제 정보 공유, 도시 교통과의 연계 등을 맡고 지방항공청과 국토교통부는 항공교통의 전반적 업무, 항공 보안, 항행 시설 설치 등을 맡는다는 구상이다.

서울시는 UAM의 도입으로 도심을 기준으로 약 70%의 사회적 비용이 절감될 것으로 내다보고 있다. 일일 이용객은 약 3,000명 정도로 예상하고 있는데 UAM이 활성화되면 인천공항에서 과천까지 걸리는 통행시간은 약 105분, 김포공항에서 잠실까지의 시간은 약 61분 단축될 것이란 관측이다.

환경 측면에서는 승용차의 감소로 대기오염물질 배출량이 연간 121톤 줄어들 것으로 예상된다. 이외에도 약 3만 7,000명의 일자리가 창출되고, 6조 1,700억 원의 생산유발효과, 2조 6,500억 원 규모의 부가가치가 유발될 것으로 분석된다.

현대차와 서울시의
UAM 업무 협약 관련 인터뷰

신재원 UAM 사업 부문 사장

UAM 생태계 구축을 위해 서울시는 민간 기업 현대자동차와 손을 잡았다. 다소 엉뚱한 소리로 들릴지도 모른다. 완성차 업체와 손을 잡아서 UAM 활성화를 도모하겠다니! 하지만 여기에는 이유가 다 있다. 보고대회 팀이 신재원 UAM 사업 부문 사장과 만나 이야기를 나눠봤다.

현대차 신재원 사장

Q. 현대차 UAM 기술은 어디까지 온 건가요?

A. 도심 내 교통수단으로서의 UAM을 현실화하는 데 필요한 여러 기술들이 개발 중에 있습니다. UAM의 성공적인 상용화를 위해서 배터리, 소음, 자율비행 등 주요 기술을 지속적으로 개발해나가고

있습니다.

Q. UAM 업무 협약, 서울시와 함께한 이유는 무엇인가요?

A. 현대차는 대한민국의 메가시티인 서울시가 글로벌 UAM 산업의 중심지로 도약하는 데 필요한 UAM 생태계 조성, 관련 산업 활성화를 목적으로 서울시와 업무협약을 체결했습니다. 현대차는 서울시가 세계 어느 도시보다 먼저 UAM 시장이 개화될 수 있도록 이를 위한 인프라 개발·구축, 사회적 수용성 증대 활동, 시범사업 등을 서울시와 협력할 예정입니다.

Q. UAM 이착륙장인 버티포트에 대한 시민들의 궁금증이 많습니다. 어떤 모습일지 예측 부탁드립니다.

A. UAM 기체가 도심에서 수직으로 이착륙이 가능한 공간이 버티포트 입니다. 이는 수직으로 비행할 수 있다는 뜻의 'Vertical Flight'와 항구를 뜻하는 'Port'가 합쳐져서 생긴 신조어입니다. 현재 여러 업체에서 각기 다른 형태의 버티포트 컨셉을 디자인하고 있습니다.

기존 건물의 옥상에 설치하는 작은 버티포트, 기존 교통시스템(기차역, 버스터미널)과 연계된 환승역 형태, 그리고 여러 UAM이 동시에 이착륙 가능한 전용 버티포트 건물까지 다양한 디자인이 활발히 논의되고 있습니다. 또한, 현대차그룹은 UAM과 땅 위를 달리며 다목적으로 활용될 수 있는 운송수단인 PBV_{Purpose Built Vehicle}, 그 둘을 이어주며 사람들을 위한 커뮤니티 공간인 허브 컨셉을 지난 2020

현대차가 공개한 서울 스카이포트 조감도

출처: 현대자동차그룹

년 CES에서 소개한 바 있습니다.

Q. 산업계가 보는 UAM 산업의 전망은 어떤가요?

A. 제트엔진이 지구촌을 1일 생활권으로 묶어 세계화를 가능하게 했다면 21세기 모빌리티 혁신은 UAM을 활용한 도시 간 또는 또 시내 이동의 질적 변화입니다. 도심 내 이동 시간을 획기적으로 단축할 수 있고 헬리콥터와 달리 소음도 적고 대량 생산으로 비용도 절감할 수 있기 때문입니다. 또한 발전을 거듭하고 있는 전기 모터, 2차 전지, 수소에너지, 자율주행의 기술로 도심항공 교통 체계를 실현할 수 있는 UAM 기체 개발이 가까워졌

여길 비추세요

스카이라인이 바뀐다

으며 이를 통해 도로라는 2차원 공간에 갇힌 이동의 기술이 UAM 도입과 함께 3차원 공간으로 확대 가능합니다.

물류가 보이지 않는
도시

코로나19의 여파로 대부분의 산업이 큰 타격을 입었지만, 일부 업종은 오히려 코로나19로 큰 기회를 잡았다. 대표적인 것이 바로 물류이다. 언택트 소비의 활성화로 전국의 물류회사들은 단군 이래 최대 호황이었다.

하지만 반대급부도 따라왔다. 배달을 위한 트럭과 오토바이가 거리로 쏟아지자 도로 내 혼잡도가 이루 말할 수 없게 됐다. 교통 체증은 심해졌고 사고도 끊임없이 이어졌다. 당연히 사회적인 비용도 급증했다.

이런 상황에서 서울시가 꺼내든 카드가 바로 스마트 물류 플랫폼이다. 생활 물류의 전 과정을 친환경·자동화한다는 개념인데 크게 허브(거점) 물류 단지, 서브 물류시설, 최종 배송 등 3단계로 구성돼 있다.

서울시 스마트 물류 플랫폼 체계도

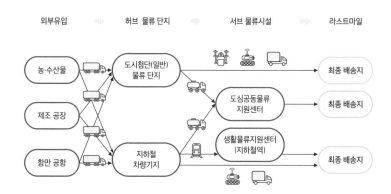

출처: 서울시, 2021.6, 지속가능한 서울시 스마트 모빌리티 체계 구축방안 연구

스마트 물류에 가장 중요한 것은 빅데이터이다. 국내에서 하루에만 수천만 건씩 누적되는 데이터를 분석해 각종 물류 단지, 시설의 배치나 화물 차량의 이동 경로 등을 최적화할 수 있기 때문이다. 하지만 현재는 각 물류 데이터가 민간 물류회사만이 보유하고 있어 활용이 어렵다.

그 때문에 서울시는 스마트 물류의 첫걸음으로 민관 협력 물류 빅데이터 플랫폼 조성을 선택했다. 서울시가 보유한 교통 및 물류 시설 정보와 민간 사업자의 차량 데이터, 화물 수요 데이터 등을 결합하기 위한 작업이다. 서울시와 민간 간의 물류 데이터 공유 기반을 구축하고, 이를 영세 물류 업체에 제공해 전체적인 물류 시스템이 최적화될 수 있도록 한다는 계획이다.

물류 시설 내의 혁신도 진행한다. 핵심 키워드는 자동화이다. 택배 분류장에서 가장 힘든 일은 하역 몇 분류 시스템을 자동화하는 일이다. CJ대한통운은 이미 많은 물류 시설에서 소형 상품을 자동 분류하는 시스템을 구축해 놓았다. 전체 택배 물량의 90%가 이런 소형 상품이기 때문에 현장에서는 작업 환경이 더욱 효율적으로 변화하고 있다는 평가가 나온다.

또한 웨어러블 로봇, AI를 도입해 하역 시스템 역시 (반)자동화할 것이라는 계획이다. 서울시는 시내 물류 시설에 이러한 자동 하역, 자동 분류 시스템이 도입된다면 최근 물류 급증으로 야기됐던 노동 및 안전 문제를 해결할 수 있을 것으로 기대하고 있다.

이런 단기 계획을 바탕으로 서울시는 물류 시스템의 지하화를 꾀하고 있다. 서울 시내에 빼곡하게 깔린 도시철도망과 공동구가 시스템의 핵심이다. 교통 혼잡을 일으키는 지상 화물차량 대신 지하 철도망을 이용해 물량을 운송하는 방식이다.

위에서 언급한 허브 물류 단지, 서브 물류시설도 이에 맞춰 변화한다. 허브 물류 단지는 7개 도시철도 차량 기지 내부의 복합물류단지로 조성된다. 서울교통공사와 민간의 전문 물류 기업이 함께 운영에 참여한다. 물류뿐만 아니라 상업 및 각종 지원시설을 함께 가지고 있는 첨단 물류 복합 거점으로 조성될 계획이다. 서브 물류시설은 도시철도의 각 역사를 중심으로 조성된다. 물품보관 셀프스토

---

* 〈전자신문〉, 2020, CJ대한통운, 1,600억 투자 '소형 분류 자동화 시스템' 구축…'초격차' 강화

리지(물품 장기보관), 시민편의 시설, 스타트업 지원 등 다양한 기능을 가진 입체 시설로 계획되고 있다.

최종 단계에서는 배경이 지하에서 하늘로 바뀔 예정이다. 드론 배송은 이제 시간문제일 뿐이다. 지하와 하늘로 오가는 물류 시스템이 완성된다면 지상의 도로는 말 그대로 사람의 통행만을 위한 공간이 될 것이다.

서울시는 현재의 전체 물류의 5%만 지하물류 시스템으로 편입돼도 향후 10년간 약 2,751억 원의 편익이 발생할 것으로 추정하고 있다. 이 가운데 차량운행비용 절감량은 455억 4,000만 원, 연간으로 환산하면 46억 원에 이른다. 일자리는 2030년까지 6,000여 개가 창출되고, 파급되는 모든 경제적 효과를 합친다면 연간 1조 원 이상의 효과가 기대된다.

스마트 모빌리티의
미래

1769년 프랑스의 니콜라 퀴뇨가 발명한 세계 최초의 자동차
출처: 위키백과

1900년대 초반 시작한 자동차의 보급은 언뜻 보기에 순식간에
일어난 일처럼 보인다. 1913년 포드가 자동차 대량 생산을 시
작한 지 14년 만인 1927년, 이미 1,500만 대의 자동차가 팔렸
을 만큼 자동차의 보급은 폭발적으로 이뤄졌다.

그러나 그 뒤에는 오랜 기간의 준비 과정이 있었다. 1769년 세
계 최초의 자동차이자 증기자동차가 프랑스에서 개발된 이후
로 150년 가까이 다양한 자동차들이 나왔고 실패를 맛봤다.

스마트 모빌리티의 세상은 100% 실현되기까지 지금은 그 속도가 더뎌 보일 수 있다. 하지만 역사의 굵직한 사건 대부분이 그러하듯 거짓말처럼 스마트 모빌리티의 시대가 활짝 열리게 될 것이다. 대한민국이 새로운 시대의 주인공이 되려면 지금부터 준비해야 한다.

3차원의 교통

스마트 모빌리티의 핵심은 2차원의 교통을 3차원으로 전환하는
일이다. 지상 혹은 지하를 선으로 연결하는 것이 지금까지의 교통
이었다면 UAM은 교통을 한 차원 끌어올리는 것이다.

기술의 발전에 발맞춰 법과 제도의 변화가 필요하다. 현재의 교
통 법규와 제도는 2차원에 머물고 있다. 현재 비행 수단은 시민들
입장에서 일상적인 교통과는 거리가 멀다. 관련한 법과 제도 역시
비행의 영역은 아예 다르게 만들어져왔고 운영됐다. UAM 시대가
도래한다면 이를 통합하는 작업이 절실하다.

글로벌 UAM 산업을 이끄는 미국조차도 UAM에 대한 구체적인
규정과 표준이 부족하다. 그 때문에 미 연방항공청은 데이터에 기
반한 빠른 의사결정을 전면 도입했다. 데이터에 기반한 빠른 의사
결정은 법안에 따라 움직이는 것이 아니다. UAM 산업을 전개하기

위한 법안이 모두 마련되기까지는 긴 시간이 필요하므로 이를 기다리지 않고, 법이 허락하는 범주 내 모든 행위를 허가하겠다는 것이다.

물론 사업자 입장에서는 구체적인 법안이 없으니 사업 전개가 조심스러울 수 있다. 그러나 과감히 UAM 사업에 참여한 사업자들은 초기 시장을 형성하고, 퍼스트 펭귄으로서 오히려 정부의 정책 결정이나 법안 설계를 유도하는 역할을 하고 있다.

이들은 아직 구체적인 규정과 표준이 없다는 점을 역이용해 다양한 형태의 기체와 항공관제 기술을 선보이고 있다. 연방항공청뿐만 아니라 NASA 역시 민간사업자들의 움직임을 주시하고 있고, 다양한 실험 프로젝트를 이들과 함께하고 있다.

실제로 캘리포니아의 모하비 사막 한가운데 있는 NASA의 Neil A. Armstrong Flight Research Center에서 진행하는 민관협력 프로젝트에는 총 3개 분야 17개 민간기업이 참여한다. 2020년 3월부터 시작한 이 프로젝트에서는 다양한 상황에서 기체가 어떻게 작동하는지 등의 각종 안전 점검을 포함해 법과 제도를 만들기 위한 기초적인 실험을 진행한다.

또한 실험을 바탕으로 여러 기체에 대한 인증기준을 하나둘씩 마련하고 있다. 제도권 안에서 UAM 사업을 펼칠 때 가장 중요한 관문이다. 이미 기존의 항공법 일부를 수정해 상업용, 통근용 비

---

* 하이투자증권, 2020, UAM, 3차원 길을 연다

스마트 모빌리티의 미래   221

EU 드론 규정 개방형 범주

범주 (위험성)	드론 카테고리	드론 무게	드론 운행자격시험	드론 오퍼레이터 등록 유무
A1	C0	250g 이하	기기 메뉴얼 숙지 (별도 시험 없음)	드론에 카메라가 장착돼 있거나 장난감이 아니면 등록 필요. 그렇지 않은 경우 등록 불필요
	C1	900g 이하	• 온라인 트레이닝 클래스 이수 • 온라인 이론시험 필수	
A2	C2	4kg 이하	• 온라인 트레이닝 클래스 이수 • 온라인 이론시험 필수 • 독학 실기 진행 후 신고 • 공인된 기관에서 필기 시험 필수	필요 (DGAC 등록)
A3	C3	25kg 이하	• 온라인 트레이닝 클래스 이수 • 온라인 이론시험 필수	
	C4			

행체 운행에 대한 가이드라인을 제시하고 있다.

유럽 역시 마찬가지이다. EU는 이미 드론 비행 규정을 마련해 2021년 1월부터 시행하고 있다. 이 규정에서는 드론을 크게 3개의 범주로 구분하고, 운행자격시험과 등록 여부 등을 정해놓았다.

한국은 2020년부터 한국형 도심항공교통 로드맵 구축에 나서고 있다. 이 계획에 따르면 운용 기준 마련을 위한 실증 사업을 실시하

---

* 대한무역투자진흥공사, 2021, 현실로 다가오는 유럽과 독일의 도심 항공교통(UAM) 시대

고, 국내 사정에 맞춘 운항 기준을 마련하겠다는 계획이다.* 다만 실증 사업은 2025년 이후, 운항기준 마련은 2023년까지로 계획돼 있어 이미 실제 액션에 돌입한 선진국에 비해선 늦었다는 평가가 나온다.

더 큰 문제는 공역(공중 영역) 이슈에 대한 구체적인 해결책이 없다는 것이다. 현시점에서 UAM 도입에 가장 열을 올리는 곳은 바로 서울이다. 그러나 서울 상공 대부분은 현재 비행금지구역으로 설정돼 있다. 서울시가 아무리 비행체를 날리고 싶어도 국방부의 허가가 없다면 불가능한 상황이다. 공역 문제를 해결하기 위해 국무총리실 산하 공역위원회, 공역실무위원회가 설치돼 있지만 부처 간 이해관계가 얽혀있다 보니 이마저도 논의가 쉽지 않다는 지적이 나오고 있다.**

이에 과감하게 공역 관리, 특히 항로 규정 설정의 주체를 서울시로 넘기는 방안이 필요해 보인다. 물론 모든 공역의 권한을 넘기긴 무리일 수 있다. 서울의 공역을 입체적으로 보고 기존 비행기의 경로와 UAM의 경로를 분리한 뒤, UAM이 사용하는 공역의 권한을 넘기자는 이야기이다.

만약 UAM의 경로 중에서 군에서 특별히 관리해야 할 경로가 있다면 해당 경로만 국방부가 서울시에 협조 요청을 해 관리를 하는

---

* 관계부처 합동, 2020, 한국형 도심항공교통(K-UAM) 로드맵

** 지디넷코리아, 2021, '하늘 나는 車' 상용화 언제 될까… "공역규제 해결이 최대 난제"

방식이 절실하다. 포크레인이 오기 전에는 공사를 안 하겠다고 마냥 기다릴 상황이 아니다. 서울시를 시작으로 성공 사례를 점차 전국으로 넓혀가는 전략이 필요하다.

이렇게 된다면 기체 등 인프라 제작은 민간 기업이, 기체 및 인프라에 대한 인증은 중앙정부가, 공역 및 운항 관리는 지자체가 분담하게 되는 그림이 그려진다. 민간기업-중앙정부-지자체, 그리고 지하-지상-공중을 연결하는 3차원의 교통생태계가 완성되는 것이다.

현재 UAM 기체 개발과 인증 시스템은 선진국보다 많이 늦은 것이 사실이다. 그러나 공역 설정의 경우 선진국에서도 관련 부처 간의 이해관계가 잘 맞지 않아 숙제로 남아있는 만큼 전 세계적으로 명확하게 해결된 것이 없다. 어쩌면 지금이 대한민국이 선제적으로 밀고 나갈 수 있는 마지막 타이밍인지도 모른다.

미래 모빌리티,
결국 사람이다

 스마트 모빌리티로 가장 큰 변화를 맞는 분야 중 하나가 바로 일자리이다. 만약 스마트카를 중심으로 한 스마트 모빌리티 경제가 활성화된다면 2025년까지 연평균 일자리 수는 36.4% 증가할 것이라는 예측도 있다. 물론 자율주행차의 상용화 등으로 기존 물류업 종사자나 운수업 종사자들의 일자리는 점점 위태로워질 수 있지만 새로운 패러다임의 일자리들이 등장할 것이다.

 새로운 산업의 인재는 제한적일 수밖에 없다. 폭스바겐, 도요타, 포드 등 해외 기업은 개발자, AI 전문가 등 스마트 모빌리티 시대에 필요한 인재 영입에 나서고 있다. 현재 미국 자동차 제조업체에서 근무하는 차량용 소프트웨어 프로그래머는 2만 3,000명이 넘는다.

---

* 경제·인문사회연구회, 2020, 모빌리티 혁명에 대응한 대한민국의 국가전략 수립

스마트카 산업으로 생기는 새로운 일자리

직업 대분류	직업 중분류	업무내용
스마트카 전용 사물 인식 기술 개발자	이미지센서 개발자	- 차선, 신호, 보행자 인식용 다목적 카메라 개발
	라이다 개발자	- 저가, 소형의 디지털, 라이다 개발
	레이더 개발자	- 장거리 통합, 악천후, 심야에 사용가능한 스마트 키용 레이더 개발
인공지능기반 자율주행 알고리즘 개발자	인식 전문가	- 학습을 통해 영상 인식률을 개선하고 인식 범위를 확대하는 알고리즘 개발
	추론·예측 전문가	- 수신호 등 각종 비정형 신호의미 해석, 다른 차량의 주행 방향 예측 등
	주행 전략 수립가	- 빅데이터를 종합 분석하여 주행계획을 수립하는 알고리즘 개방
구동 및 제어 엔지니어	스마트카용 고성능 ECU 개발자	- 자율주행에 필요한 빅테어 처리 및 제어를 위한 ECU 개발
	Human-car 인터페이스 개발자	- 스마트키와 탑승자간 직관적이고 오작동 없는 인터페이스 개발
교통 체계 관리자	도로 관리자	- 스마트카 운행에 적합한 Smart Pavement 공사 및 정비
	신호 관리자	- 스마트카가 인식할 수 있는 신호 체계 구축
정밀 지도 전문가	지도 설계자	- 차선, 차폭 데이터 포함 정밀지도 구축
	지도 관리자	- 교통 상황, 처리 정보 실시간 업데이트
V2X 전문가	통신망 관리자	- 차-차-, 차-인프라간 데이터 전송을 위한 통신망 구축 및 관리
	빅데이터 과학자	- 스마트카, 도로 등의 센서 데이터를 전송, 분석, 처리하는 업무
스마트카 활용	스마트카 물류 분석가	- 스마트카를 이용해 물류 계획을 수립하고 실시간 최적 관리하는 업무
	In-Car 마케터	- LBS 기반 인근차량에 타킷 마테킹 수행

출처: 소프트웨어정책연구소, 2016, 미래 일자리의 금맥(金脈), 소프트웨어

미래차 분야별(좌) 및 직무별(우) 국내 부족인력 전망(2028년)

분류	친환경차	자율주행	인프라	전체	분류	연구개발	설계·디자인	생산기술	품질관리
부족인원	917	435	475	1,827	부족인원	503	518	384	269
부족률(%)	2.1	8.0	13.4	3.5	부족률(%)	2.8	22.9	1.6	11.

출처: 산업통상자원부, 2020. 3. 2. 18년 말 미래형자동차 산업기술인력은 5만 여명으로 15년 말 대비 5배 이상 대폭 증가

국내 자동차 엔지니어 수를 모두 합친 것보다도 많다.

우리나라는 어떨까. 2028년까지 스마트 모빌리티 산업에 필요한 신규 인력은 연평균 5.8% 증가해 총 9만 명에 이를 것으로 예상된다. 하지만 자동차 업계 설문조사에서 미래 분야 육성을 가로막는 가장 큰 요인은 전문인력 부족(21.0%)으로 꼽혔다.[*]

가장 인력이 부족할 것으로 예상되는 분야는 바로 스마트 모빌리티를 위한 인프라와 자율주행이다. 이는 데이터, AI 인재 부족과 직결되는 문제다. 전 산업에 데이터와 AI가 도입되면서 관련 인재들의 수요 역시 급증하고 있다. 여기에 해외유출 사례까지 더해지면서 2022년 AI 등 IT업계의 인재는 약 1만 5,000명가량 부족할 것으로 예상된다.[**]

이러한 상황을 모빌리티 업계 또한 피해갈 수는 없는 노릇이었

---

[*]   한국자동차연구원, 2021, 연구전략본부 미래차 산업 구조 전환 핵심과제, 휴먼뉴딜

[**] 〈한국경제〉, 2021, 내년 IT인력 1.5만 명 부족…"AI 인재 몸값 천정부지"

다. 그 결과 국산화율이 99%에 육박하는 내연기관 자동차 산업과는 달리 전기차와 수소차의 부품 산업은 국산화율이 70% 안팎에 불과하다. 자율주행 소프트웨어의 경우 38%로 2/3가량을 외국에 의존하고 있다.*

가장 시급한 것은 고등-전문 교육의 틀을 전환하는 일이다. 현재 (실업계) 고등학교와 대학교에서 가르치는 모빌리티 관련 교육의 대부분은 내연기관 차에 초점을 맞추고 있다. 서울의 한 유명 대학의 기계자동차공학과의 커리큘럼에는 미래차와 관련된 과목이 3학년 2학기에 배우는 '연료전지자동차' 단 한 과목뿐이다. 이외에는 대부분 내연기관 자동차와 관련된 과목들이다.

다른 대학의 사정 역시 대부분 비슷하다. 2021년 9월 현재 기준, 자동차 관련 학과가 설치된 전국 대학 60곳 중 미래 모빌리티를 전문적으로 가르치는 학과는 14곳에 불과하다. 미래차 분야를 이끌어 갈 석박사급 인력은 2020년 한 해 10개 대학에서 고작 200명 배출하는 데 그쳤다.

미래차가 과거의 자동차와 가장 크게 다른 것은 자동차 바퀴를 굴리는 기계 공학뿐만 아니라 데이터와 AI, 배터리, 반도체 등 다양한 학문이 함께 필요하다는 점이다. 때문에 교육 역시 통합적 교육이 필요하다는 지적이다. 이에 따라 정부와 대학은 과거 다른 학문과 분리돼 있었던 자동차 학과를 다른 학과들과 융합하는 과감함을

---

* 〈서울경제〉. 2021. 기계공학 중심 인력으론 한계…"SW 인재 등 9만 명 양성해야"

보여줄 필요가 있다. 자동차뿐만 아니라 UAM, 플랫폼 등 모빌리티 전반의 전문가를 양성하는 일이 시급하기 때문이다.

기업들 역시 인재 양성을 위해 힘을 써야 한다. 대학과 협력해 인턴십 제공, 일자리 연계 등 인재를 끌어올 수 있는 유인책을 마련해야 한다. 또한 다양한 분야의 IT 인력들이 자동차 분야에서 활약할 수 있도록 사내·외 교육 프로그램에 대한 투자도 더 늘려야 한다. 결국 자신들의 손으로 키워낸 인재들이 글로벌 무대에서 기업들의 생존을 결정하기 때문이다.

물류 혁명이
시금석

2020년 한 설문조사에서 국내 소비자들이 "자율주행차가 안전하지 않다"고 밝힌 비율은 49%이다. 물론 2018년보다 5%가량 낮아진 수치이긴 하지만, 불신을 버리지 못하고 있다. 이는 한국만의 문제가 아니라 미국과 독일, 일본 등 여러 선진국에서도 마찬가지였다.[*]

미래 스마트 모빌리티 산업의 초점은 대부분 유인 운송수단에 맞춰져 있다. 그래서 UAM, 자율주행차, 전기·수소차 등 '사람이 어떤 방식으로 탈 것이고, 그 효율성과 안전성은 어떻게 확보할 것인지' 정도의 문제가 가장 큰 이슈였다. 그러나 아무리 기술이 발전하더라도 이를 이용해야 할 소비자들의 심리적 장벽을 넘지 못하면 사장될 수밖에 없다.

---

[*] 〈문화일보〉, 2020, 자율주행차, 소비자 신뢰는 '아직'

이런 측면에서 스마트 모빌리트의 미래를 마냥 낙관할 수는 없다. 자율주행차에 대한 설문조사에서 시민들의 신뢰도가 점점 높아지고는 있지만, 레벨 4의 자율주행차가 시장에 나왔을 때 이를 실제로 수용할지 여부는 설문조사를 넘어선 또 다른 문제다.

시민들의 출퇴근 시간을 획기적으로 줄일 것으로 예상되는 UAM 역시 마찬가지다. 비슷한 예가 불과 10년 전에 있었다. 서울시가 시민들의 출퇴근 시간을 줄이겠다며 2007년 도입한 한강 수상택시이다. 수상택시 도입 전 시민들을 대상으로 한 설문조사에서 90.6%가 수상택시 도입에 대해 찬성한다는 의사를 밝혔다.[*] 그러나 수상택시의 이용률은 저조했고, 결국 폐업과 재개업 등을 거쳐 현재는 단순 관광용 수준으로 전락했다.

그렇기에 물류 부문에서의 스마트 모빌리티의 성공이 시금석이 될 것으로 보인다. UAM과 자율주행 등은 아직 시장에 들어오기 이르고, 실험실에 머물고 있는 새로운 모빌리티 기술들을 물류 시스템에 먼저 적용해야 한다.

조건은 갖춰졌다. 정부는 당장 2025년 UAM의 전면 도입을 선언했고[**] 자율주행차 3단계(부분적 자율주행) 역시 어느 정도 완성됐다는 평가를 받고 있다. 여기에 코로나19의 영향으로 물류량은 폭발적으로 늘었다. 계속해서 성장 중인 물류 수요에 새로운 기술을

---

[*] 〈한겨레〉, 2005, 서울시민 대다수 수상택시 "좋아요~"

[**] UAM Team Korea, 2021, 한국형 도심항공교통(K-UAM) 운용개념서 1.0

적용한다면 당장 가시적인 성과를 낼 수 있을 것이다. 이런 성과를 바탕으로 시민들의 심리적 장벽을 넘는다면 스마트 모빌리티의 유인화 역시 연착륙할 수 있을 것으로 예상된다.

그렇다면 물류 혁명은 어떻게 전개돼야 할까. 지하-지상-공중 등 3차원으로 확장 예정인 모빌리티를 따라 물류 혁명 역시 3차원으로 확대돼야 한다. UAM의 프로토타입이라고 할 수 있는 드론 배송과 지하 물류 배송이 그 주인공이다.

드론 배송의 경우 이미 다양한 글로벌 업체에서 실제 사업을 진행하고 있다. 특히 가장 앞서가고 있는 구글의 경우 지난 2019년부터 약 10만 건이 넘는 배송을 완료하기도 했다. 기술적으로는 충분히 실현 가능하다는 뜻이다.

국내 기업들 역시 기술적으로는 드론 배송이 가능한 상황이다. 그러나 결국 법과 제도의 문제가 발목을 잡고 있다. 앞서 언급했듯이 가장 큰 상권인 서울은 드론 비행이 사실상 금지돼 있다. 25kg이 넘는 드론 비행의 경우 서울이 아니더라도 정부 승인을 받지 않으면 불가능하다. 승인에는 최대 열흘까지 걸린다. 실제 비행이 아니고 테스트 비행마저도 열흘에 가까운 승인 절차를 거쳐야 한다는 뜻이다.*

물론 사람을 태우는 드론UAM이라면 더욱더 철저한 점검과 검토가 필요하다. 하지만 물류라면 이 기간을 조금 더 단축할 수 있을 것

---

* 〈머니투데이〉, 2021, "나사 하나 바꿀 때마다 울화통"…K드론이 美中 못 따라가는 이유

이다. 이에 승인제로 된 드론 비행 절차를 신고제로 과감히 바꿔야 한다. 미국과 중국은 이미 드론 비행을 승인제가 아닌 신고제로 운영하고 있다. 한국이 승인제로 미적대는 사이, 두 나라는 드론 대국으로 거듭나고 있다. 지금 물류의 하늘길을 열지 못하면 사람의 하늘길도 가시밭길이 될 수 있다.

지하 물류의 경우 해외에서도 아직 실현된 사례가 없다. 스위스가 2031년까지 취리히 지하를 통과하는 (고속) 지하물류 시스템, CST_{Cargo sous terrain}를 구축하겠다는 계획을 발표한 것이 가장 실현가능성이 높은 계획으로 꼽힌다.

이 지하물류를 설계하는 방법은 크게 두 가지이다. 새로운 지하 공간을 만들거나 혹은 기존의 지하 공간을 활용하는 것이다. 스위스 취리히의 CST가 전자의 방법을 취하고 있다. 아예 처음부터 설계를 하므로 물류에 최적화된 환경과 노선을 조정할 수 있다.

문제는 돈이다. 프로젝트에 참여하는 물류 업체들이 가격이 너무 비싸고 오래 걸린다며 기존의 인프라를 활용해야 한다는 목소리를 내기 시작한 것이다. 초기 투자금이 너무 커 과연 수익이 나올지에 대한 의문이 제기됐다.[*]

만약 후자의 방법대로 기존 인프라를 활용한다면 비용은 낮아지고 자연스레

여길 비추세요

스위스 취리히 CST의 예상 모습

---

[*] 대한무역진흥공사. 2021. 스위스 CST 프로젝트로 알아보는 물류 산업의 미래

수익성도 올라간다. 하지만 중앙정부와 지하 공간을 관리하는 지자체, 물류 기업과의 업무 연대가 필수적이다. 이에 지금부터 지하 물류를 위한 중앙정부-지자체-민간 기업 간 업무 협약이 시작돼야 한다.

지하상가, 지하철 등 어느 지하공간을 활용할 것인지, 지하 물류는 어떤 방식으로 설계할 것인지 등을 지금 당장 논의해야 한다. 또 물류 기업의 배달 거점과는 어떻게 연계할 것인지에 대해서도 함께 고민이 필요하다. 만약 기존의 지하철망 등을 최대한 활용한다면 서울 등 일부 대도시에는 당장 내일이라도 지하물류를 시작할 수 있는 인프라가 갖춰져 있다. 시간이 곧 돈이다.

거버넌스를
확립하자

앞서 아무리 뛰어난 기술도 인프라가 갖춰져 있지 않다면 잘해 봐야 시대를 앞서간 걸작 정도로 평가를 받고 시장에서 사라진다는 것을 이야기했다. 스마트 모빌리티도 마찬가지다. 전기·수소차, UAM, 공유 모빌리티, 자율주행차 등 모든 것들이 단일한 기술로는 자립하기 어렵다. 닭이 먼저냐, 달걀이 먼저냐의 문제일 수 있겠지만 각 기술을 뒷받침할 수 있는 인프라 조성 역시 해당 기술의 발전만큼이나 중요하다.

이런 측면에서 독일 지멘스Siemens의 전략을 눈여겨 볼만하다. 지멘스는 지난 2011년 이후 각 본부의 사업 부문을 재편해 IC본부(인프라-도시 본부)를 신설하고, 개발도상국의 도시 인프라 조성 사업을 벌이고 있다.*

---

* Siemens, 2012, Siemens Annual Report

가장 중요한 것은 지멘스가 통합솔루션 공급자 지위를 가지고 사업을 벌인다는 점이다. 전력, 가스, 냉난방, 상수도 등을 도시의 모든 인프라를 통합된 플랫폼에서 관리하고 여기서 나온 데이터를 융합·분석해 다시 인프라에 적용하는 방식이다.

이 모든 과정은 통합 플랫폼 내 도시총괄관리자 City Account Manager, CAM 의 관리하에 진행된다. 이 총괄관리자를 통해 지멘스의 고객들은 도시에 필요한 인프라와 인프라 솔루션에 대한 컨설팅을 받는다.* 하나의 플랫폼 내에서 모든 인프라가 관리되니 인프라의 효율적 이용과 상호작용이 가능하다는 평가이다.

앞서 다양한 스마트 모빌리티 분야와 이 스마트 모빌리티를 구현시키기 위한 각각의 인프라 역시 소개했다. 이들은 유기적으로 통합돼야 한다. 그러기 위해서는 선제적이고 민관이 협력하는 거버넌스 확립이 최우선 과제이다.

새로운 산업이 기존 시장에 진입하거나 아예 새로운 시장을 만들어내려는 경우 가장 큰 걸림돌은 대부분 법과 규제이다. 거버넌스의 가장 첫 번째 목표는 새로운 스마트 모빌리티 산업이 기존의 법과 규제를 넘어 시장에 연착륙할 수 있도록 돕는 일이다.

중앙정부와 지방자치단체, 공공 및 민간기업이 거버넌스를 통해 머리를 맞대고 큰 그림을 그려야 한다. 신산업의 성장을 가로막는 포지티브positive식 규제로 중앙 및 지방 정부가 해결해 자유로운 공간

---

* 홍원표, 2015, 도시 인프라 시장에 대한 지멘스의 전략적 접근과 그 시사점. 세계도시연구센터 Vol 3

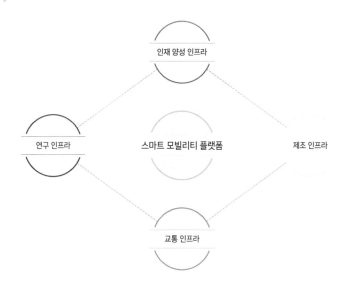

스마트 모빌리티 플랫폼 개념도

인재 양성 인프라

연구 인프라

스마트 모빌리티 플랫폼

제조 인프라

교통 인프라

을 만들고, 민간기업은 그 속에서 자유롭게 활동하며 다양한 인프라를 조성하는 그림이 그려져야 한다.

그리고 이 공간을 중심으로 거버넌스는 교통시설, 연구, 제조, 인재 양성, 투자 유입 등 모든 이슈에 대응할 수 있는 통합형 플랫폼이 돼야 한다. 플랫폼 형태의 스마트 모빌리티 거버넌스는 다양한 인프라를 통합적으로 관리할 수 있을 뿐만 아니라 새로운 플레이어를 계속 받아들일 수 있는 개방성을 지니게 된다.

사실 이미 준비는 끝났다. 광역자치단체 이상의 지방자치단체 대부분은 스마트 모빌리티 정책을 전문적으로 다루는 부서를 신설하고 운영 중이다. 국토교통부 역시 미래드론교통담당관 등 다양한 부서를 통해 미래 모빌리티 정책을 펼치고 있다.

　이들 부서가 인프라 플랫폼의 중심에 서 있어야 한다. 플랫폼이라고 해서 꼭 시작이 거창할 필요는 없다. 지방자치단체(혹은 중앙정부)가 중심에 서서 공공기관과 민간기업 등을 한군데 모아 미래 모빌리티 산업을 위한 장기적인 논의에 들어가면 그것이 바로 스마트 모빌리티 플랫폼의 시작인 것이다. 스마트 모빌리티의 미래는 결국 인프라에 달렸고, 인프라는 지금 우리의 플랫폼이 어떻게 시작하는지에 달렸다.

스마트 모빌리티
지금 올라타라

초판 1쇄   2021년 11월 23일

지은이   모빌리티 강국 보고서 팀
펴낸이   서정희
펴낸곳   매경출판㈜
책임편집   현유민
마케팅   강윤현 이진희 장하라
디자인   김보현 김신아

매경출판㈜
등록   2003년 4월 24일(No. 2-3759)
주소   (04557) 서울시 중구 충무로 2(필동1가) 매일경제 별관 2층 매경출판㈜
홈페이지   www.mkbook.co.kr
전화   02)2000-2610(기획편집) 02)2000-2636(마케팅) 02)2000-2606(구입 문의)
팩스   02)2000-2609   **이메일**   publish@mk.co.kr
인쇄·제본   ㈜M-print   031)8071-0961
ISBN   979-11-6484-347-3(03320)